엄마의 책갈피 인문학

엄마의
책갈피 인문학

아이의 미래가 기적처럼 바뀌는
엄마 책 읽기의 힘

김선호 지음

상상출판

시작하며

엄마를 위한 공간

티베트 서쪽 끝, '카일라스'라고 불리는 산이 있습니다. 백두산을 세 개 정도 얹어야 카일라스 높이와 비슷해집니다. 티베트, 인도, 네팔인들은 그 산을 신산神山으로 여깁니다. 많은 티베트 불교 신자들이 평생 단 한 번만이라도 그곳에 가기를 희망합니다. 신산 둘레를 한 바퀴 도는 데 2박 3일이 걸립니다. 순례자들은 기도하는 마음으로 그 산을 돌고 또 돕니다. 해발 5,000미터가 넘는 고갯길을 넘나드는 순례 여정은 오직 한 걸음씩만 가능합니다. 더 빨리 가고 싶어도 산이 허락하지 않습니다. 숨 쉬는 것에 한계가 있기 때문입니다.

카일라스산의 한 중턱에 조그만 절이 있습니다. 순례자들에게 숙소를 제공합니다. 숙소라고 해서 깨끗한 호텔을 기대하면 안 됩니다. 흙바닥에 기둥과 벽과 지붕만 있을 뿐입니다. 전기도 없습니다. 늦은 밤, 피곤에 지친 순례자들, 배낭여행자들이 뒤섞여 코를 골며 잠을 잡니다. 저는 조용히 일어나 방을 나왔습니다. 고원의 밤을 느껴보고 싶었습니다. 고원의 밤은 캄캄한 칠흑도 울고 갈 만큼 짙은 어둠이었습니다. 어둠의 진공상태 같았습니다. '검다'라고 느껴지는 색깔이 얼마나 웅장하고 짙은 무게감이 있는지 이때 처음 알았습니다. 심해에 혼자 앉아 있는 것만 같았습니다.

고원의 어둠을 만끽하고 잠시 바위에 앉았습니다. 작은 랜턴을 켜고 책을 읽었습니다. 생텍쥐페리의 『어린왕자』였습니다. 어둠 속 바위에 혼자 앉아 천천히 몇 소절을 읽었습니다. 그리고 생각에 잠겼습니다.

'길들여진다는 것은 무엇일까?'

어린왕자에서 '길들여짐'은 '서로 필요한 존재'가 되는 여정으로 표현합니다. 서로 필요한 존재라는 것은 결국 눈물을 흘리는 일들이 생기는 관계입니다. 제게 있어 길들여진다는 건, 또 다른 시선

視膳을 선물 받는 일입니다. 내가 보지 못했던, 알지 못했던 것들을 볼 수 있는 새로운 창문을 여는 일입니다. 그 창문을 통해 더 넓은 곳을 보며, 더 많은 사람의 목소리를 들을 수 있습니다.

책을 읽는 시간은 또 다른 누군가에게 길들여지는 과정입니다. 작가의 시선을 따라가면서 내면에 하나의 창문을 더 열게 됩니다. 누구나 내면에 사유思惟의 공간이 있습니다. 그곳에 자기만의 집을 만듭니다. 사람들은 그 집을 '인문학'이라 부릅니다. 이 책을 읽고 여러분의 집에 멋진 창문이 생기길 바랍니다. 볕이 잘 드는 방향으로, 선선한 바람이 잘 통하는 위치에 원하는 만큼 창문을 만드시기 바랍니다.

'엄마'의 위치뿐만 아니라 '나'라는 위치에서 독서와 사색을 즐기시길 응원합니다. 인문학을 위한 공간은 작은 의자 하나 정도면 충분합니다. 그 작은 공간에서 내게 붙여진 이름들(엄마, 직장맘, 딸, 아내)에서 벗어나 가끔은 나로 존재하는 독서의 시간을 챙기시길 바랍니다. 그렇게 있을 때, 자아 존재감이 형성됩니다. 자아 존재감을 자주 느낄수록 주변의 것들로부터 독립이 가능해집니다. 독립이 가능해진다는 뜻은 결국 엄마로서 자녀에 대한 '불안'이 멈춘다는 뜻입니다.

엄마의 독서는 불안을 멈추게 합니다. 불안이 멈추면 자녀의 자존감은 자연스레 형성됩니다. 엄마의 시선이 자녀를 신뢰하는 모습으로 바꾸기 때문입니다. 엄마를 위한 인문학 공부는 힘이 셉니다. 엄마가 공부하면 자녀에 대한 많은 고민과 걱정들이 의식하지 못하는 사이에 해소됩니다.

학교 복도에서 학부모님들을 마주할 때가 있습니다. 대부분의 경우 학부모님의 자녀가 누구인지 모를 때가 많습니다. 그런데 그분의 시선이나 행동을 보면 저학년 학부모인지, 고학년 학부모인지는 쉽게 구분이 됩니다. 아이가 1학년이면 학부모님도 1학년처럼 보이기 때문입니다. 아이는 1학년이더라도, 여러분은 4~5학년이면 좋겠습니다. 내가 학부모로서 잘하고 있는지 불안하게 느껴질 때가 있다면 오늘부터 자녀 교육서, 인문 소양서, 심리서 등을 꾸준히 읽을 시간과 공간을 가지시길 바랍니다. 혹여 책을 읽을 여유가 없는 분들을 위해 제가 그동안 공부하고 효과 본 책들을 담았습니다. 많은 도움이 되었으면 좋겠습니다. 인문학 독서는 '나'를 위한 위로의 시간입니다. 그간 애쓰셨습니다. 앞으로 편안해질 겁니다.

✦ 해뜨기 직전, 다락방 집필실에서

김선호 드림

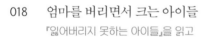

2장 대인관계
: 애도, 자존감, 근원적 물음, 자기조절력, 관계 맺기, 싸움

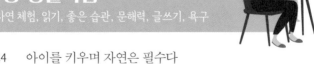

3장 생활학습
: 자연 체험, 읽기, 좋은 습관, 문해력, 글쓰기, 욕구

4장 미래교육

: 주식, 금융 지식, 생각도구, 전략적 직관, 데이터 축적, 상상력

5장 부모공부
: 엄마만의 시간, 독립, 데이터 교육, 전이, 자존감, 내면아이

1장
아이심리

: 분리, 훈육, 사춘기,
자아존중감, 거리감, 성취감

첫 번째 책

『잃어버리지 못하는 아이들』
이수련 지음 | 위고 | 2017년 9월

엄마를 버리면서
크는 아이들

"엄마가 좋아? 아빠가 좋아?"

아이들에게 매우 안 좋은 질문입니다. 질문 자체가 누군가의 시선을 의식하게 만듭니다. 질문을 이렇게 바꿔보겠습니다.

"엄마 먼저 버릴래? 아빠 먼저 버릴래?"

말도 안 되는 나쁜 질문이라고 생각하실 겁니다. 사실 무의식적 측면에서 보면, 맨 처음 한 질문(엄마가 좋아? 아빠가 좋아?)과 같은 질문입니다. 그런데 사랑을 버려야 한다는 책이 있습니다. 『잃어버리지 못하는 아이들』은 자녀가 엄마의 사랑을 잃어버리지 못하면, 평생 아이로 살아야 한다는 비극적인 이야기를 하고 있습니다. 표지 문구에 이렇게 적혀 있습니다.

어떻게 엄마의 사랑을 잃어야 하는가

책장을 넘기지도 못한 채, 이 문구 하나만 되뇌며 일주일이 지났습니다. 그만큼 무게감 있는 문구입니다. 웬만한 교육 서적들은 2~3일이면 통독이 끝나는데, 이 책은 읽는 데만 한 달이 걸렸습니다. 단순히 '아 그렇구나'의 수준이 아닌 내용을 체득하고 실행에 옮기는 데 상당한 방어와 불안이 요구되는 사안들이라, 천천히 적응하며 읽어야 했습니다. 그렇지 않았다면 아마도 회피하고 싶은 충동 때문에 책의 마지막까지 다다르지 못했을 것입니다.

이 책의 키워드를 한 단어로 표현하면 '분리'입니다. 아이와 부모를 떨어뜨리는 것이죠. 사실 그간 많은 육아 또는 교육 심리 서적을 보면 대체로 올바른 '애착 형성'에 대한 내용이 많습니다. '애착'이라는 것이 영유아기 자녀에게 얼마나 중요한지는 학부모님들도 익히 아실 겁니다. 그리고 올바른 애착 형성이 되지 않았을 때, 아이들은 많은 불안에 힘들어합니다. 그 파급력은 성인까지 이릅니다. 하지만 이 책은 **애착 못지않게 현명한 분리 방법을 모른다면, 즉 지속된 애착에만 머무른다면 심각한 현상을 초래한다고 경고합니다.**

어른이 되는 것엔 두 가지 조건이 있습니다. 우선은 어린 시절 엄마의 사랑을 아낌없이 듬뿍 받아야 합니다. 그리고 반드시 그 사랑을 잃어버려야 합니다. 요컨대 애착관계는 그것이 반드시 끝나고 깨진다는 목표를 이루었을 때만 완성될 수 있습니다.

참으로 아이러니합니다. 사랑을 아낌없이 듬뿍 주라고 할 때는 언제고, 이젠 또 잃어버려야 한다니 말이죠. 저자는 아이의 실질적인 발달과 성장은 오로지 아이의 '독립'을 향해 나아간다고 말합니다. 더 나아가 이런 성장 방향을 거슬러 엄마와의 애착이 계속해서 연장되면 아이는 혼란에 빠집니다. 애착이 지속되면 엄마 품을 벗어나는 것에 대한 일종의 공포 혹은 두려움이 시작됩니다. 아마도 다른 말로 표현하면 일종의 '분리불안'이 되겠죠.

저는 개인적으로 애착이 짙은 경우 서로에 대한 경계가 모호하다고 생각합니다. 어찌 보면 아예 경계가 없는 것처럼 보입니다. 마치 엄마와 자녀가 하나인 것처럼 느끼는 것이죠. 실제로 배 속의 태아는 엄마의 숨소리, 심장소리를 들으며 몸 일부로 여깁니다. 그리고 매우 깊은 안정을 느낍니다. 하지만 세상에 태어나 육체적 분리가 이루어지면서 도저히 받아들이기 힘든 현실을 마주합니다. 그런 견지에서 볼 때 어쩌면 애착이라고 하는 것이 아직 분리를 인정하지 못하는 회피의 잔재라고 말할 수 있습니다. 무의식적으로 자녀와 '애착'이라는 고리로 묶지 않으면 도저히 현실을 견디기 힘들 것입니다.

"우린 아직 하나야. 그래야 살 수 있어. 분리되면 죽을지도 몰라"라는 극심한 공포를 일단 애착이라는 방패로 가리고 직면하지 않습니다. 바꿔 표현하면, 애착은 아직 준비 안 된 분리의 시간을 견디게 해주는 좋은 묘약이라고도 할 수 있습니다. **문제는 애착에 머문 채 분리를 외면하면 자녀는 더 이상 어른으로 성장하지 못하고 어린아이에 머물게 됩니다. 엄마가 어디론가 없어지지는 않을까 염려하는 것을 가장 큰 고민으로 안고 살아가는 아이는 늘 불안할 겁니다.**

그럼 어떻게 애착에서 분리로 나아갈 수 있을까요? 저자는 '아빠의 역할'을 강조합니다. 그리고 아빠의 역할을 이렇게 표현합니다.

결국 아빠의 역할은 아이를 엄마로부터 분리시키는 동시에 엄마를 아이로부터 분리시켜 원래의 자리로 돌려놓는 것입니다. 원래의 자리란 아빠의 파트너, 한 사람의 여자, 한 사회의 구성원으로서의 자리죠. 엄마와 아이 사이의 애착관계를 양쪽에서 동시에 끊어야 합니다. 그래야 엄마와 아이 사이의 관계가 근본적으로 달라질 수 있습니다.

참으로 냉정한 말입니다. 단순하게 표현하면 아빠의 역할은 엄마와 자녀를 갈라놓는 위치에 있어야 한다는 것입니다. 둘 사이를 더욱 연결해주거나 공고히 하는 것이 아닌, 떼어놓는 역할을 해야 한다는 것이죠. 아이들은 아빠가 보여주는 행동들을 하나의 힘으로 기억합니다. 그리고 그 힘을 바탕으로 '아! 엄마 옆에 있을 사람은 아빠구나. 그 자리는 내 자리가 아니었구나'라고 생각합니다. 그러면서 서서히 엄마를 떠나 자기 자리는 어디일까를 고민합니다. 엄마와의 분리를 인정하게 되는 순간이 찾아온 것입니다. 그리고 독립을 꿈꿉니다. 자신도 아빠처럼 누군가에게 멋진 사람이 되고 싶다는 욕망도 느낍니다. 그러한 욕망은 '사회성'의 연결점이 됩니다. 아이가 누군가를 찾아 세상으로 나가는 문이 되는 것입니다.

아빠의 구체적인 역할 첫 번째는 잠자리 분리입니다. 예를 들어 초등학생이 된 자녀와 엄마가 함께 잠을 자는 경우가 있습니다. 대체로 이런 이유를 말하십니다.

"아이가 혼자 방에서 자면 무섭다고 해서요."

"어릴 적부터 같이 자서 지금은 이게 편해요."

가정마다 여러 이유가 있습니다. 아빠가 늦은 시간에야 퇴근을 하거나, 주말부부로 지내는 경우도 있습니다. 이유가 어떻든 초등학생이라면 진작에 엄마와 떨어져 혼자 잠을 잘 수 있게 해야 합니다. 엄마와 함께 같은 방을 쓰는 사람은 '아빠'여야 합니다. 이것부터 아빠 역할의 시작입니다.

이어 해야 할 사항은 **아이가 아빠를 대신해서 엄마를 사랑하고 염려하도록 만들지 않는 겁니다. 많은 엄마들이 남편과 부족한 애착을 형성하면, 아이를 통해 부족함을 채우려 합니다. 그 순간 엄마와 아이는 새로운 심리적 부부 관계 같은 애착이 형성됩니다.** 아이는 엄마가 외롭거나 아프지 않게 최선을 다합니다. 그런 행위는 효도라는 이름으로 덮어집니다. 그 순간 아빠는 이름만 가족일 뿐 버려진 타인이 됩니다. 아무 날도 아니지만 가끔은 아내를 위해 꽃을 사오고, 자녀들이 보는 앞에서 아내에게 사랑한다고 말해주는 것이 아빠 역할입니다. 그 순간 아이는 엄마와 분리를 시작합니다. 아무리 애를 써도 엄마는 내 것이 될 수 없다고 생각하기 때문입니다.

어찌 보면 애착 형성은 분리에 비하면 쉬운 영역에 속합니다. 분리를 어려워하는 것은 아이뿐만이 아닙니다. 엄마도 똑같이 불안하고 힘듭니다. 마치 모유를 먹이던 자녀를 이유식을 해야 한다고 떼어내는 순간과도 같습니다. 아마 그보다 몇십 배는 더 힘들지도 모릅니다.

자녀가 초등학생이라면 엄마라는 이름표를 서서히 떼어낼 때가 됐습니다. 엄마가 아닌 아빠의 파트너, 한 사회의 구성원으로 돌아갈 준비를 해야 합니다. **본래 자리로 돌아가기를 꺼려하고 두려워하는 만큼 자녀를 향한 애착이 성장에서 정체로 귀결될 것입니다.** 부모라는 이름 대신 자신의 정체성을 향한 발걸음을 내딛으시길 바랍니다. 그 첫걸음은 자녀에게 사랑받기를 포기하는 것에서부터 시작합니다.

두 번째 책

『폭군아이 길들이기』

디디에 플뢰 지음 | 이명은 옮김 | 길벗 | 2015년 12월

폭군아이와
타협은 없다

아이가 엄마에게 묻습니다.

"엄마 난 왜 이렇게 키가 작아?"

엄마는 성질내며 대답합니다.

"그건 네가 아빠를 닮아서 그렇지."

아이가 엄마에게 다시 묻습니다.

"엄마 난 왜 이렇게 공부를 잘해?"

엄마는 힘주어 대답합니다.

"그건 네가 엄마를 닮아서 그렇지."

아이는 웃으며 대답합니다.

"아빠는 반대로 말하던데."

아이는 부모 사이에서 저울질하며 즐거워합니다. 이처럼 엇갈린 부모 의견 사이에서 자신에게 유리한 것만 취사선택하며 유유자적하는 아이들의 이야기를 해보겠습니다. 『폭군아이 길들이기』는 제목부터 으스스합니다. 저자 디디에 플뢰는 프랑스 인지치료 연구소 소장입니다. 많은 교육 도서들이 허용적이고 공감적이며 심리분석적인 측면이 강한데요. 이 책은 제목부터 그러한 교육 사조에 반기를 드는 책입니다.

아이를 '폭군'이라고 표현합니다. 또한 교육이나 공감하기가 아닌 '길들이기'라고 표현합니다. 어느 정도 단호한 강제성이 내포된 제목이라고 할 수 있습니다. 프랑스 교육에 관한 책들은 교육 방법이 대체로 강합니다. 마치 프랑스 영화가 독특하다는 생각이 드는 것처럼 교육 사조나 정신도 그런 느낌이 듭니다. 그래서 개인적으로 재밌습니다. 고루하게 평평한 밭을 한번 뒤집어서 거름을 골고루 섞는 효과가 있다고나 할까요?

우선 용어 정리부터 하겠습니다. 여기서 '폭군아이'는 폭력적인 아이를 뜻하지 않습니다. '자신이 모든 선택권을 쥐고 상황을 좌지우지하려는 아이'를 뜻합니다. **다시 말해 폭군아이란, 주어진 상황에 대한 선택권을 자신이 가지지 못하면 견디지 못하는 아이입니다. 확대해석하면 자신이 선택권을 쥐고 자신에게 유리한 방향으로 부모를 지배하는 아이를 말합니다.**

최근 교육 강연에서 많이 나오는 이야기는 부모의 심리적 지배에 놓인 아이들의 주체성 상실 문제입니다. 해결 방인으로 자아존중감 및 정체성 찾기를 말합니다. 하지만 이 책은 출발점부터가 다릅니다. 오히려 아이의 지배에 놓여 이러지도 저러지도 못하는 부모 입장에서 출발합니다.

의외로 많은 부모들이 맹랑한 자녀들에게 휘둘리는 경우가 많습니다. 자신이 부모로서 잘해주지 못한다고 자책하는 부모라면 더욱 그렇게 지낼 가능성이 높습니다. 이 책을 보시면 그런 죄책감을 느끼는 학부모님은 일종의 해방감을 맛볼 수 있습니다. 저는 이 책을 읽을 당시 초등학교 3학년 딸을 둔 학부모였습니다. 교육자로서는 완벽한 듯 보여도, 학부모로서는 흔들렸던 것이 사실입니다. 딸아이의 간절한 눈빛을 보면 저의 교육철학은 여지없이 무너지고 말았습니다. 그럴때 이 책은 부모로서의 권위를 갖게 해주는 좋은 길잡이가 되었습니다.

부모로서의 '권위'는 아이들을 비굴하게 만들기 위해 필요한 것이 아니라 바르게 자라게 하기 위해서이고 교육과 애정은 이에 대한 필수요소이다.

교육을 한다는 미명이나 사명감 아래, 부모로서 자신의 삶을 포기하는 것은 교육이 아니다.

교육은 부모와 자녀와의 균형을 잡으려는 시도이며, 그러한 균형은 개인적인 자신을 희생해서 이루는 것이 아니다.

'교육은 균형을 잡으려는 시도'라는 표현에 적극 공감합니다. 부모가 자녀를 위해 무언가를 희생했다는 것, 반대로 자녀가 부모를 위해 자신의 의지를 포기했다는 것 모두 균형 이탈입니다. 둘 중 어느 하나의 존재를 부정하게 되는 셈이죠. 저자 디디에 플뢰는 양쪽 모두에게 적정선의 균형을 유지하며 각자 주체적 권위와 동시에 책임을 지고 갈 수 있게 해주는 것이 올바른 의미의 교육이라고 말합니다.

그럼 균형을 잡으려는 시도를 하려면 어떻게 해야 할까요? 방법 중 하나로 '적절한 좌절 교육'을 하라고 말합니다. **적절한 좌절은 아이에게 모든 선택권을 쥐고 흔들고자 하는 욕구에서 벗어나게 하는 방안입니다.** 물론 여기서 '적절한'이라는 것에 주목해야 합니다. 강압적 좌절이 아닌 적절한 좌절입니다. 적절한 좌절을 맛보게 하는 과정에 있어 부모의 감정 폭발은 교육 효과가 없음을 언급합니다. **부모로서의 권위와 부모로서의 권위주의는 명확히 다릅니다. 감정 폭발이 아니라 부모로서의 권위를 바탕으로 잘못된 행동에 대한 벌이나 그에 상응하는 결과가 어떠하다는 것을 알게 해줘야 합니다.** 실제로 폭군적인 행태가 더욱 강화되는 요소는 잘못된 행동에 대한 벌 없이 유야무야로 넘어가는 태도입니다.

부무 로서의 권위와 부모로서의 권위주의는
명확히 다릅니다. 감정 폭발이 아니라 부모로서의 권위를
바탕으로 잘못된 행동에 대한 벌이나 그에 상응하는
결과가 어떠하다는 것을 알게 해줘야 합니다.

저자는 갈등 상황을 두려워하지 말라고 말합니다. 갈등 상황이 두려운 부모는 두 가지 양상을 보입니다. 하나는 두려움을 감추기 위해 자녀에게 사사건건 '복종'을 강요합니다. 다른 하나는 갈등을 회피하고 결국 자녀를 '방임'하는 복종과는 반대되는 모습입니다. '싸워서 뭐해. 시간 지나면 알겠지' 하면서 손을 놓는 것이죠.

'복종'을 강요하는 부모와 '방임'하는 부모는 자녀를 '폭군아이'로 만듭니다. 그러므로 부모는 갈등 상황 속에서 두려워 말고, 아닌 것은 아니고 잘못한 것은 명확하게 잘못된 것이라고 말해야 합니다. 더 나아가 부모는 아이의 잘못을 벌할 줄 알아야 합니다.

많은 학부모님들은 아이들이 잘못했을 때 잘못한 사실을 말해줍니다. 거기까지는 좋습니다. 그런데 화를 내면서 말하죠. 꾸중도 합니다. 하지만 잘못에 대한 책임을 주지 않습니다. 어떤 제약을 주지 않는 겁니다. 그러니 아이들은 잠시 꾸중만 듣고 지나가면 그만이어서 내성만 강해집니다. **아이가 잘못했을 때 단호하게 안 되는 것을 표현하고 경중에 따른 제약을 주는 것이 필요합니다. 물론 그 제약은 사전에 아이에게 충분히 설명되어야 합니다.**

한 예를 들겠습니다. 영철이는 악기가 정서적으로 좋다는 엄마의 권유로 악기 학원을 다녔습니다. 두 달 정도 다니다 엄마에게 다른 악기를 배우고 싶다고 말합니다. 영철이 어머님은 우리 아이가 호기심이 많은 것 같다며 악기를 바꿔주면 어떨지 고민합니다. 물론 호기심이 많을 수도 있습니다. 그러나 지루함을 견디기 어려워 다른 것으로 쉽게 전향한 것일 가능성이 높습니다. 그런 과정을 몇 번 거치면, 2~3개월 단위로 악기나 운동 종목이 바뀝니다. 아이는 내가 원하면 언제든지 지루한 것들을 버리고 새것으로 갈아탈 수 있다고 생각합니다. 그러면서 점차 아이는 어떠한 일을 완성하는 성취감을 맛보기 어렵습니다. **성취감은 잘해서 생기는 것이 아닙니다. 지루함을 묵묵히 견뎌내는 시간 뒤에 찾아옵니다.**

오늘 한번 고민해보시기 바랍니다. 아이와 타협해도 되는 것과 결코 타협해서는 안 되는 것이 무엇인지 말이죠. 어느 정도 명확해진 순간부터 아이에게 부모로서의 권위가 교육적인 모습으로 다가갈 것입니다.

초등 사춘기,
충분히 바라보고
놓아줘라

'감동'은 자기도 모르는 사이 무언가에 빠져들 때 생깁니다. 저는 좋은 책을 읽으면서 그 책과 진중한 관계를 만드는 과정에서 감동이 일어납니다. 자녀 교육에 도움이 될 만한 책을 찾는다고 해서 꼭 교육서만 읽을 필요는 없습니다. 내게 무언가 메시지를 줄 수 있는 책이라면 어떤 책이든 좋습니다. 책을 통해 시선이 바뀌면, 그 시선이 자녀에게 영향을 끼칩니다. 특히 사춘기 아이들에게 부모의 변화된 시선은 꼭 필요합니다.

3년 전쯤, 3학년 학생들을 데리고 1박 2일로 충청문화권 답사를 다녀왔습니다. 맑은 하늘 아래 백제시대의 유물과 문화를 보는 현장 체험이었습니다. 첫날 일정을 마치고 숙소로 돌아왔을 때였습니다. 숙소에 들어오자 10분도 채 안 돼서 포도송이만 한 우박이 쏟아져 내렸습니다. 방마다 뛰어다니며 학생들에게 베란다 창문을 꼭 닫으라고, 절대로 베란다 밖으로 나가면 안 된다고 주의를 줬습니다. 그리고는 혼자 가슴을 쓸어내렸습니다.

'정말 다행이다. 걸어서 이동하는 중에 우박을 만났다면 큰일 날 뻔했다.'

하지만 아이들은 창밖을 보고 기뻐하며 박수를 치고 있었습니다. 하늘에서 얼음이 떨어지는 모습이 〈하늘에서 음식이 내린다면〉이라는 만화 영화 같다며 즐거워했습니다. 아이들의 안전을 확인하고 방을 나서는데 한 아이가 쪼르르 따라오며 제 손을 잡고 말했습니다.

"선생님 오늘 저녁 간식은 우박으로 팥빙수 만들어 먹는 게 어떨까요?"

그렇게 말하는 아이에게 미세먼지 잔뜩 묻은 얼음이라 안 된다며 찬물을 끼얹을 수는 없었습니다.

"미리 알았더라면 팥을 준비해 올걸. 안타깝지만 오늘 밤에는 치킨이 준비되어 있단다."

아이의 해맑은 눈동자를 보며 그런 생각이 들었습니다.

'백제 문화와 역사를 잘 모르면 어때. 저렇게 호기심 어린 눈동자로 행복하면 되지.'

『초등 사춘기 엄마를 이기는 아이가 세상을 이긴다』는 우리 아이들이 그저 호기심 가득한 즐거운 눈동자로 초등 사춘기를, 더 나아가 청소년 시기를 행복하게 보낼 수 있길 바라는 마음이 담긴 책입니다. 처음 이 책의 원고를 탈고했을 때, 개인적으로 제목을 '나는 초딩을 보면 굴리고 싶다'라고 지었습니다. 무슨 이런 강압적인 제목이 있나 싶을 겁니다. 황동규 시인의 시「나는 바퀴를 보면 굴리고 싶다」를 빌려온 표현입니다. 바퀴는 잘 굴러가야 생명력이 생기듯 초등 아이들도 아이답게 잘 굴러가게 하고 싶다는 은유적 표현이었습니다. 엄마가 미처 예상하지도 못한 채 사춘기에 접어들고 있는 초등 아이들을 보면, 더욱 잘 굴리고 싶습니다. 가고 싶은 데로 갈 수 있게 말이죠.

미처 대비할 겨를도 없이, 마른하늘에 우박이 우수수 떨어지듯 초등학생들에게 사춘기가 앞당겨졌습니다. 엄마로서, 아빠로서, 그리고 교사로서 아직은 올 때가 아니라고 회피하고 싶지만 현실입니다.

대체로 사춘기는 이런 양상으로 전개됩니다. 내 아이는 아직 어리다고 생각합니다. 나쁜 친구를 만나 착한 우리 애를 물들이지 않았나 의심합니다. 그래도 아직은 엄마 아빠의 권위로 누르면 대충 그럭저럭 눌러집니다. 그렇게 아웅다웅하다가 중학교에 들어가면 입시라는 무기를 꺼냅니다. 지금은 공부할 때이니 아이에게 쓸데없는 고민은 나중에 하라고 말합니다. 하지만 이렇게 말씀드리고 싶습니다. **외면한다고 앞당겨진 사춘기의 시기를**

피할 수 없습니다. 차라리 다행이라고 생각하는 것이 좋습니다. 부모 품 안에 있을 때 마음껏 사춘기를 펼치는 것이 제일 안전합니다.

『초등 사춘기 엄마를 이기는 아이가 세상을 이긴다』의 핵심 주제는 '바라봄의 교육'입니다. 사춘기를 겪고 있는 학생들에 대한 개별적인 처방은 바쁜 학교 업무 속에서도 짬내어 틈틈이 관찰하고 바라보는 데서 시작했습니다. 학급에서 아이들의 언행을 보면 왜 그런 납득되지 않는 말과 행동을 하는지 이해가 안 될 때가 많습니다. 그럴 때 왜 그랬냐고 물어봐도 속 시원한 대답을 듣기 어렵습니다. 대부분 '그냥요' 혹은 '장난으로 그랬는데요'라고 말합니다. 아이 스스로도 본인이 왜 그랬는지를 잘 모릅니다. 자기도 모르게 무의식적 흐름에 행동 패턴을 내맡긴 결과죠.

사춘기 아이들을 대하는 첫 번째 태도는 틈나는 대로 바라보는 것입니다. 어떤 판단이나 예측을 일단 내려놓고 그냥 바라봅니다. 표정, 눈빛, 손가락 움직임, 말투, 심지어 아이가 코딱지를 파고 있는 모습까지도 그냥 바라봅니다. 바라보다 보면 어느 순간 아이가 내 마음에 쏙 들어오는 경험을 하게 됩니다. 굳이 말로 이유를 설명할 필요 없이 아이가 겪고 있는 혼돈의 양상이 직관적으로 받아들여지게 됩니다. 그때 비로소 아이의 행동 패턴 이면에 숨어 있는 무의식적 저항을 바라볼 수 있습니다. 간단하게 표현해서 관찰 혹은 바라봄만 유지하면 됩니다. 쉬워 보이지만 어려운 점이 있습니다. **부모가 스스로 판단하고 개입하고 싶어집니다. 그래도 기다려야 합니다. 정 개입을 하고 싶으면 다가가서 머리를 한 번 쓰다듬어주고 다시 돌아옵니다. 충분한 바라봄이 없을 때 나오는 즉각적인 반응은 아이들이 드러내는 혼돈의 사춘기를 이해할 수 없습니다.**

저는 사춘기가 시작되었다고 여겨지는 학생이 있으면 그 학생을 편애합니다. 이유는 간단합니다. 그 혼돈의 시기에 믿고 의지할 사람이 적어도 이 세상에 한 사람은 있어 줘야 하기 때문입니다.

여기서 편애한다는 말을 바꿔 표현하면 그 학생을 바라보는 시간이 더 많다는 뜻입니다. 우리 아이가 사춘기가 시작되었다는 느낌이 오면 제일 먼저 할 일은 말보다 시선을 주는 겁니다. 사춘기 자녀의 행동 중에 부모님들이 힘들어하는 것이 있습니다. 아이가 문을 걸어 잠그는 행동입니다. 단절의 순간이 불안하지만 아이와 같이 견뎌야 합니다. 반대로 말씀드리면 가장 안전

한 순간입니다. 자신의 방을 심리적 모태母胎 삼아 안정을 느끼는 겁니다. 어떤 학부모님은 상담 중에 이렇게 말했습니다.

"아이가 방문을 잠그고 들어가는데, 너무 답답하고 화가 나서 방문 손잡이를 없애버렸어요."

예민하고 민감한 시기에 혼자만의 시간과 공간이 보장되지 못하면 사춘기는 끝나지 않습니다. 사춘기가 끝나지 않는다는 건, 성인이 되어도 어린이처럼 살게 된다는 뜻입니다.

사춘기가 되면 친구들과 문제가 생기기 시작합니다. 그렇게 사이 좋았던 단짝 친구가 배신을 합니다. 우리 아이가 먼저 배신할 수도 있습니다. 옆의 친구가 웃었을 뿐인데 자기를 비웃는 것처럼 느낍니다. **이 시기는 논리적으로 판단되지 않습니다. 감정과 직관이 뒤섞인 채 혼란스러운 모습으로 관계가 다가옵니다. 그런 시기에 '무조건 사이좋게 지내'라는 충고는 자기 자신의 자존심을 버리라는 말로 해석됩니다. 사춘기 시기 친구 관계는 '사이좋게'가 아닙니다. 헤어지고, 분노하고, 슬픈 과정을 통해 '애도'를 배우는 시간입니다.** 아이가 슬픔과 분노로 어찌할 바를 모르는 순간에 곁에서 같이 있을 어른이 필요합니다. 훈계하는 어른은 파도치는 비다에 바람을 불 뿐입니다. 이 모든 작업은 틈나는 대로 아이를 판단 없이 바라보는 시간을 통해 가능합니다.

 엄마를 이기는 아이는 엄마와 싸워서 이기는 아이가 아닙니다. 타인의 욕망에 휩쓸리지 않고 자신의 원의를 알아채는 아이입니다. 그러기 위해서는 혼자 외로움을 견디는 시간이 필요합니다. 그 용감한 일들을 사춘기 아이들이 하고 있습니다.

일방적 개입이 아닌
아이와 함께하라

『아이 1학년 엄마 1학년』의 장점은 곧 초등학교에 입학할 자녀를 둔 학부모님들의 걱정거리에서 출발한다는 것입니다. 대부분의 교육 저서들은 제1장을 이론에 대한 소개로 시작합니다. 그리고 그 이론에 성공적으로 접목되는 사례들을 제시함으로써 이론의 타당성을 드러냅니다. 바꿔 말하면 이론이 맞다는 증명이 목적인 셈입니다. 하지만 이 책은 학부모님들의 걱정을 질문으로 1장을 시작합니다. 그리고 질문에 맞는 실천 사항과 이론을 제시합니다. 보다 현실적인 걱정에서 출발하는 점은 그만큼 현실 적용점이 많다는 의미이기도 합니다. 그럼 어떤 질문으로부터 시작하는지 보겠습니다.

첫째, 소심하거나 산만한 아이, 학교 대인관계에 문제없을까?
둘째, 한글도 못 뗀 아이, 수업에 뒤처지진 않을까?
셋째, 모든 걸 엄마가 챙겨주던 아이, 스스로 잘할 수 있을까?
넷째, 맞벌이 엄마, 방과후 아이 생활 어떻게 해야 할까?

자녀를 초등학교에 보내는 학부모라면 위 네 가지 질문 중 최소 한 가지 혹은 두세 가지 고민은 해보셨을 겁니다. 이 중에서 초등교육 전문가로서 가장 중요하다고 생각되는 질문인 세 번째 고민에 대해 말씀드리겠습니다. 바로 '모든 걸 엄마가 챙겨주던 아이, 스스로 잘할 수 있을까?'입니다.

저자는 이에 네 가지 해결책을 제시합니다. 첫째는 아이가 학교에 대해 겁먹게 하지 말라는 것입니다. 둘째는 학교생활의 즐거움을 알리기 위해 학교에 대해 말해주기를 권고합니다. 셋째는 입학 3개월 전부터 규칙적인 생활을 연습할 수 있도록 안내합니다. 넷째는 작은 일부터 아이 스스로 하도록 안내하고 기다리며 신변 처리 능력이 좋아지도록 교육하는 것입니다.

네 가지 고민 중 세 번째 고민을 가장 중요한 고민으로 선택한 이유가 있습니다. 이 고민이 해결되면 나머지 세 가지 고민은 자연스럽게 해결되기 때문입니다. **아이가 무언가를 스스로 하기 시작한다는 것은 단순히 자신감을 형성하는 것뿐 아니라 대인관계에 주체적으로 대응하고 수업에 적극적이며, 방과후 늦게 오는 맞벌이 부모를 기다리면서도 두려움 없이 자신이 해야 할 일을 즐겁게 하는 것을 뜻합니다.**

저자가 제시한 첫 번째 해법, 학교에 대해 겁먹게 하지 말라는 대목은 매우 공감이 됩니다. 사실 학교에 겁먹는 것은 아이가 아니라 아이를 보내는 부모입니다. 문제는 그런 부모의 마음이 아이에게 전이됩니다. 친구를 사귀지 못 할 수도 있다는 두려움, 규칙을 지키지 못하면 선생님께 꾸중을 들을 수 있다는 경고, 시험 점수가 나쁘면 공부 못하는 아이라고 놀림 받을 수 있다는 부정적인 사례들을 이야기합니다. 틀린 말은 아닙니다. 그럴 수도 있습니다. 하시만 학교생활은 그것이 전부가 아닙니다. 아이들은 처음 듣는 말을 전체로 생각합니다. 그래서 저자는 첫 번째 해결 방법으로 학교생활의 즐거움부터 말해주라고 합니다. **학교에 대한 첫 대면이 즐거움부터 시작되는 것은 매우 중요합니다. 첫 기대감이 6년의 교육 기간에 미치는 영향력은 막강합니다.**

제가 가르친 학생 중 성격이 무척 밝고 공부도 열심히 하며 대인관계에 있어 공감 능력과 배려가 뛰어난 아이가 있었습니다. 무엇이 저 아이를 구김살 없이 밝고, 뛰어난 인내심을 가지게 했을까 궁금해졌습니다. 아이와 면담 중에 물었습니다. 아빠를 생각하면 무엇이 떠오르냐는 질문이었습니다. 아이는 아빠에 대한 첫 기억을 장난감 가게에서 떠올렸습니다. 어릴 적 집 근처 장난감 가게에 가서 아빠가 장난감을 자유롭게 고르게 했던 기억이었습니다. 아이에게 아빠는 자신에게 온전히 선택권을 주는 존재였습니다. 아이는 그때를 떠올리며 행복한 미소를 보였습니다. 제가 알기에 아이의 아빠는 매우 바쁜 분이셨고 아이와 많은 시간을 함께하지 못하는 분이었습니다. 하지만 잠깐의 시간이라도 아이에게 온전히 몰두했기에 아이는 아빠의 첫 기억을 행복한 긍정의 모습으로 각인했습니다. 그러한 긍정적 에너지는 아이 생활 전반에 밝은 에너지로 발휘되었음을 알 수 있었습니다. 이와 마찬가지로 학교에 대한 아이들의 첫 기억은 중요합니다. 그 기억이 초등에서 중등, 고등까지 영향을 미칠 수 있습니다.

저자는 초등학교의 즐거움을 알려주는 방법으로 엄마의 초등학교 경험담을 곁들여서 말해주라고 합니다. 엄마가 어린 시절 학교에서 소풍 갈 때의 기대감, 체육대회 때 달리기했던 기억 등, 즐거운 추억이었던 긍정적 사례를 생생하게 들려주길 권합니다. 여기서 주의해야 할 것이 있습니다. 그렇다고 과장해서 말하면 안 됩니다.

평소 아이가 궁금해할 때마다 엄마는 아는 대로 과장하지 말고 학교생활에 대해 자세히 일러준다. 아이가 학교에서 제멋대로 행동하거나 혼나지 않을까, 적응하지 못하고 힘들어하지 않을까 하는 불안한 마음에 유치원보다 엄격하고 규칙이 많다는 것을 강조할 필요는 없다.

이처럼 아이들이 학교에 겁먹지 않게 하는 가장 효과적이고 좋은 방법은 부모의 즐거웠던 학교 체험을 이야기처럼 들려주는 것입니다. 그런 과정 중에 **아이들은 궁금한 것들을 질문할 것이고 질문에 대한 대답을 과장하지 말고 자세히 알려줌으로써 아이는 학교에 들어가 스스로 무엇을 해야 할지를 마음으로 준비하게 됩니다.**

그럼 이제 책의 본론으로 들어가 보겠습니다. '정서발달', '학교 수업', '교우관계', '문제행동'을 다루고 있습니다. 이 중에 저는 정서발달이 가장 중요하다고 생각합니다. 저자는 공부 잠재력을 키우기 위해서라도 정서발달에 집중하라고 말합니다.

무엇보다 정서적 안정감은 아이가 학교생활에 잘 적응하게 하며 하고 싶은 일을 찾게 하고 어떤 일이든 자신감을 만든다. 공부 잠재력을 키우기 위해 지금 아이의 정서발달에 주목하라.

아이의 정서적 안정감이 학교생활에 90퍼센트 이상 영향을 미

아이들이 학교에 겁먹지 않게 하는 가장 효과적이고 좋은 방법은
부모의 즐거웠던 학교 체험을 이야기처럼 들려주는 것입니다.
그런 과정 중에 (…) 아이는 학교에 들어가 스스로
무엇을 해야 할지를 마음으로 준비하게 됩니다.

친다고 해도 과언이 아닙니다. 그렇다면 정서발달의 중요한 키워드는 무엇일까요? 그것은 바로 '자아존중감'입니다. 저자도 학업이라는 긴 여정의 준비물에 최우선으로 필요한 것은 아이의 자존감, 즉 자아존중감이라고 말합니다. 아이의 정서가 발달되기 위해서는 자아 주체에 대한 인식이 이뤄져야 합니다. 그러한 자아 주체는 바로 주변으로부터 인정받으면서 시작됩니다. 그리고 무언가를 스스로 해냈다는 성취감으로부터 시작됩니다. 그런 면에서 저자는 학습 스트레스가 아이의 자존감에 치명적이라고 언급합니다. 학습 스트레스가 크면 자존감은 떨어집니다. 특히 어린아이들은 스트레스를 받으면 단기기억을 장기기억으로 변환하고 저장하는 해마와 추상돌기에 손상을 입습니다. 이런 상태는 타인의 시선을 의식하게 되고 결국 작은 일에 도전하는 것도 두려워하게 됩니다.

저자는 정서발달에 기본이 되는 자아존중감 회복을 위한 해법들을 다양하게 제시하고 있습니다. 학기 초부터 과도한 방과후 수업이나 학원으로 내몰지 않도록 권고합니다. 또한 아이 스스로 할 수 있는 일을 습관으로 만들 수 있도록 조언합니다. 그런 방법으로 **스스로 할 수 있는 것들을 조금씩 허용함으로써 범위를 확대해야 합니다. 그 과정에서 부모의 일방적 개입이 아닌 아이**

와 함께 계획할 것을 강조합니다. 아이의 의견을 묻는 행위 자체가 아이의 자아존중감을 형성하는 첫길이 되는 것입니다. 사실 아이의 의견을 묻는 것은 학부모님의 마음에 여유가 있어야 가능합니다. 부모가 불안한 상태에서는 이미 원하는 답이 있고, 그 답을 아이가 빨리 대답하지 않으면 답답한 마음에 먼저 해결방안을 제시하는 악순환이 반복됩니다. 그것은 형식만 의견을 묻는 것일 뿐 아이들은 더욱 긴장하게 됩니다. 엄마 아빠가 말하는 모범답안을 말하지 못하면 안 된다는 강박이 생기게 되는 것이죠. 그래서 저자는 아이의 의견을 존중한다는 것은 아이를 여유 있게 지켜보는 것이라고 말합니다.

저자의 해결방법에 한 가지를 덧붙이고 싶습니다. 그것은 바로 섣부른 위로에 대한 경고입니다. 부모가 아이의 의견을 물어서 아이가 스스로 선택한 작은 도전일지라도 반드시 실패하기 마련입니다. 이럴 때 아이가 눈물을 흘리면 부모는 매우 힘듭니다. 금방이라도 슬픔을 없애주기 위해 아이가 원하는 다른 선물을 준다든지, 또는 별거 아니라는 듯 떨쳐버리라고 말하고 다른 것에 집중하도록 시선을 돌립니다. 하지만 **아이가 실패한 경험에 화가 나고 슬퍼하고 낙담해 있을 때 부모는 잠시 기다려주는 시간이 필요합니다.** 아이가 자신의 실패에 슬퍼하는 것 자체가 자신

에 대한 위로의 시간을 갖는 것입니다. 슬픔을 섣부르게 다른 것으로 대체해주려는 부모의 시도는 아이로 하여금 실패 경험을 회피해야 하는 것으로 인식하는 촉진제가 됩니다. 모든 것을 다 성공적으로 수행하며 살 수는 없습니다. 가장 현실적인 내안은 슬픈 경험, 실패하는 경험에 대해서도 자신의 자아존중감을 바탕으로 다시 일어설 수 있게 해야 합니다. 아이가 무언가에 도전하다 실패한 순간 낙담한 듯이 보여도 잠시 그 시간을 스스로 느끼고 일어서기까지 기다려주시기 바랍니다.

자녀에게 '네가 최선을 다했다는 것을 나는 알고 있다'라는 말 한마디면 충분합니다. 그리고 잠시 아이가 혼자 슬퍼할 시간을 주면 됩니다. 아이는 반드시 다시 일어납니다. 스스로 일어나는 시간을 부모가 견디지 못하고 매번 슬픔을 다른 것으로 대체하려 한다면 아이는 실패의 순간을 견디지 못하는 어른으로 성장하고 맙니다.

다섯 번째 책

『엄마, 왜 나한테 그렇게 말해?』
데보라 태넌 지음 | 김고명 옮김 | 예담 | 2017년 8월

아이와 거리를 두어야
가까워진다

"선생님, 요즘 효리랑 대화가 안 돼요."

그렇게 친하게 지냈던 딸과 대회기 안 돼서 섭섭하다는 어머님께 물어봤습니다.

"언제부터 그런 걸 느끼셨나요?"

"예전에는 제가 좀 힘들이보이면 옆에 와서 안아주기도 하고, 조그만 손으로 제 손을 잡아주면서 힘든 걸 다 알고 있다는 듯 같이 걱정도 해줬는데, 요즘엔 스마트폰만 봐요."

혹시 위 질문과 대답에서 이상한 점을 찾았나요? 질문의 의도는 대화가 안 된다고 느낀 '시기'가 언제인가였습니다. 그런데 어머님의 대답은 '느끼셨나요?'에 방점을 찍고 대답합니다. 어릴 적부터 내가 특별히 뭐라 말하지 않아도 오히려 나를 위로해주던 존재가 이제 나에게 시선도 주지 않고 스마트폰만 보고 있어 섭섭하다고 말합니다. 제가 듣기 원했던 '시간'에 대한 대답은 그저 '예전'이라는 두루뭉술한 표현으로 넘어갑니다. 이럴 때 보통 공감적 소통을 중시하는 상담자의 경우 이렇게 대답을 합니다.

"예전에는 말하지 않아도 감정을 잘 읽어주던 아이가 요즘엔 차갑게 느껴지니 섭섭하고 힘드시겠어요. 아마 그런 모습에 화도 나셨을 겁니다."

그러면 어머님은 깜짝 놀라 이렇게 대답할 가능성이 높습니다.

"네, 맞아요. 그래서 사실 화도 많이 내요."

자신의 마음을 공감해주고 속마음까지 알아맞힌 상담자를 마치 용한 점쟁이처럼 믿고 의지합니다. 하지만 저는 그런 상담 스토리를 별로 좋아하지 않습니다. 저는 담임교사입니다. 어디까지나 학생이 우선입니다. 일단 사실 확인부터 다시 시작합니다. 질문을 좀 더 구체적으로 바꿉니다.

"그럼 효리가 몇 학년부터 그런 모습을 보였나요?"

"아마 4학년에서 5학년 올라갈 때쯤이었던 것 같아요."

"효리의 관심은 이제 엄마에서 친구에게 옮겨간 겁니다. 그럴 시기예요. 섭섭하시겠지만 효리 시선은 당분간 엄마에게 오지 않을 겁니다. 마땅히 그래야 하고요. 지금 효리에게 어떤 위로를 받으시려고 하면 효리 입장에서는 통제가 됩니다. 다른 친구들과 관계 맺는 방법을 못 배우게 될 수도 있습니다."

좀 차갑게 들릴지 모르겠지만, 효리를 보호하기 위해서는 이게 최선의 대답입니다. 대부분의 어머님은 알아들으십니다. 그런데 이해하지 못하고 이렇게 물어보는 경우도 있습니다.

"그럼 전 어떡하죠?"

이 질문의 의미는 자신의 섭섭한 마음을 어디서 위로받을 수 있냐는 뜻입니다. 어머니는 개인 여가 시간을 가질 필요가 있습니다. 동호회 활동을 하거나, 친구를 만나 이야기를 나누거나, 조용히 카페에서 혼자 책 읽는 시간을 가지시면 됩니다. 저의 대답은 간결합니다.

"어머님의 섭섭함은 어머님이 안고 가셔야 합니다."

자녀가 초등 고학년이 되면서 대화가 잘 안 되고 섭섭함을 자주 느끼는 학부모님께 추천하는 책이 있습니다. 미국 언어학자 데보라 태넌의 『엄마, 왜 나한테 그렇게 말해?』입니다. 이 책의 장점은 '언어학자'가 저술했다는 겁니다. 심리학자가 쓴 책들은 말이 가진 무의식적 욕망에 초점을 두지만, 언어학자는 일단 대화 표면상 드러난 '언어'에서 출발합니다. 그래서 이해가 쉽습니다. 언어적 의미의 대화방식에 대해 알고 싶다면, 이 책에서 도움을 받을 수 있습니다. 데보라 태넌 교수는 책에서 이렇게 말합니다.

다가갈수록 점점 더 멀어진다.

엄마가 느끼는 딸과의 심리 정서적 거리감은 아들과 느끼는 거리감과는 다릅니다. 아들은 5미터쯤 떨어져 있어도 된다고 느끼는 반면, 딸은 1미터 안에 있어야 한다고 생각합니다. 그런 모습들을 볼 때면 저는 이런 생각이 듭니다.

'딸이라는 이유로 감정을 더 소비 당하는구나.'

초등 고학년 딸을 둔 엄마가 이렇게 말할 때 가슴이 아픕니다.
"다른 집 아이는 사춘기라서 대화가 잘 안 된다는데, 우리 소미는 어찌나 제 맘을 잘 알아주는지, 말 안 해도 다 알아채요."
기뻐하는 소미 어머님께 이런 말씀을 드립니다.
"소미는 지금 자기감정을 어머니께 소비하고 있습니다."

학부모님이 지금처럼 아이에게 감정을 쏟는다면, 아이는 성인이 되어 또 다른 감정 소비 대상을 찾아다닐 가능성이 높습니다.

친구에게, 애인에게, 동료에게, 직장 상사에게 끝없이 소모되는
감정의 고갈 상태를 느끼며 결국 자아는 사라질 수도 있습니다.

좌절을 겪고
스스로 일어나게 하라

몇 년 전에 혼자 제주도를 다녀온 적이 있습니다. 『딸에게 보내는 심리학 편지』는 비행기에서 읽으려고 공항 서점에서 산 책이었습니다. '딸'이 들어간 제목이 눈에 들어오기도 했고, 딸아이가 초등학교 입학 전이라 이런저런 걱정이 많았던 시기여서 궁금했습니다. 제주도에 도착할 때까지 읽으면서 잔잔한 벅차오름을 느꼈습니다. 시간 될 때 다시 곱씹어서 읽어야겠다고 생각했었는데, 개정증보판이 나왔다는 이야기에 반가움을 느끼며 최근에 다시 한번 읽었습니다.

개인적인 생각에 이 책은 초등학교 5~6학년 학부모님들이 청소년기에 입문하는 자녀를 어떻게 바라보고, 어떻게 긴 안목으로 함께 할지 고민하기 좋은 책입니다. 부모가 먼저 살아본 선배로서 자녀에게 '인생이란 무엇인지, 삶이란 무엇인지' 고민한 바를 이야기하고 있기 때문입니다. 이미 중고등학생이 된 자녀가 있다면 부모와 자녀가 같이 읽고, 책 내용을 함께 이야기하는 것도 좋을 것입니다.

이 책은 딸에게 모든 것을 다 잘하려고 애쓰지 말라고 말하니다. 심리적으로 표현하면 '완벽주의자'가 되려고 애쓰지 말라는 표현입니다.

우리는 부모 혹은 교사로서 아이들에게 '완벽함'이 좋은 것이라는 잠재의식을 심어주는 경우가 많습니다. 학부모님과 면담하다 보면 자녀 시험 성적에 대해 상담할 때가 있습니다. 대부분의 고민은 국어와 사회는 늘 100점 가까이 받는데, 수학과 과학은 80점대에 머물러 있다는 내용입니다. 즉, 수학과 과학도 100점 가까이 받도록 만들어야겠다는 것이죠. 일단 과목별로 어떻게 공부하는 것이 좋은지 아이의 성향과 특성을 고려해 말씀드리지만, 더불어 제 생각도 함께 말씀드립니다. 그것은 바로 모든 과목을 다 잘할 필요는 없다는 것입니다. 적어도 입시와 상관없는 초등학교 시험만큼이라도 말이죠. 한두 가지 잘하는 과목이 있고, 그렇지 못한 과목은 학습 부진 수준의 점수만 아니면 된다고 말씀드립니다.

대부분 초등 아이들은 공부를 하고 싶다는 동기부여가 아직 없습니다. 자신의 꿈이 명확하지 않고 수시로 바뀌기 때문이죠. 자신의 꿈이 분명해지고, 목표가 생길 때 공부를 시작해야 합니다. 그런데 완벽주의를 강요하고 엄격한 관리 안에서 공부했던

대부분 초등 아이들은 공부를 하고 싶다는
동기부여가 아직 없습니다. 자신의 꿈이 명확하지 않고
수시로 바뀌기 때문이죠. 자신의 꿈이 분명해지고,
목표가 생길 때 공부를 시작해야 합니다.

아이들은 스스로 체득하고 학습한 경험이 없어 어려움을 겪습니다. 그렇기 때문에 아이가 이제 무언가 해봐야겠다고 마음먹었을 때 관련된 학습을 두려움 없이 시작할 정도의 학습능력만 갖추는 것으로도 충분합니다.

가장 이상적인 것은 좋아하는 과목은 꾸준히 좋은 점수를 받으며, 다른 과목은 평범하다고 여겨지는 점수를 받는 것입니다. 이런 아이들은 기본 학습능력을 갖추면서도 동시에 자신이 하고 싶은 것을 찾는 여유가 생깁니다. 하지만 모든 과목에 완벽에 가까운 점수를 추구하는 아이들은 실상 여유가 없는 경우가 많습니다. 공부뿐 아니라 음악, 미술, 체육에 관련해서도 높은 점수를 얻도록 요구받는 경우가 많기 때문입니다. 단순히 생각해봐도 전 과목을 잘하기 위해서는 무리한 선행을 해야 하기 때문에 문제집을 몇 권씩 풀어야 합니다. 이러한 일련의 과정들은 아이에게 모든 것들을 다 잘해야 한다는 완벽주의자의 모습을 강요하는 것입니다.

딸아, 모든 것을 다 잘하려고 애쓰지 마라.

모든 것들을 다 잘해야 한다는 심리가 내재되면 결론적으로

스스로에 대한 만족감을 얻는 기회가 적어집니다. 만점보다는 늘 한두 문제를 틀리는 경우가 더 많기 때문입니다. 그리고 매사에 지나치게 신중합니다. 선택의 순간에서 완벽하기 위해 자꾸 따져보고 계산합니다.

모든 선택지를 따져보고 결정하겠다는 어리석은 생각부터 버려라. 때론 직관이 더 현명하다.

이 구절을 읽고 많이 놀랐습니다. 초등학생들에게 절실하게 필요한 말이기 때문입니다. 일단 아이들은 무엇이든 해보고, 도전해야 하는데 항상 망설입니다. 100점을 맞을 만큼 잘하지 못하면 시도해서는 안 된다고 생각하기 때문입니다. 그래서 자꾸 쉬운 것들을 선택하려 합니다. 잘못되면 안 되기 때문이죠. 반드시 100점을 맞지 않아도 되는 아이들은 망설이지 않습니다. 일단 끌리면 시도합니다. 끌린다는 말을 '직관'이라는 단어로 바꾼 것뿐입니다.

아이는 성인보다 훨씬 더 직관적입니다. 그렇기 때문에 논리를 따지지 않고 무작정 덤벼들 수 있어야 '아이답다' 하는 것입니다. 직관적인 아이들은 도전이 일상입니다. 도전했다가 100번을 실패해도 낙담하지 않습니다. 101째에 성공하면 되니까요. 저자는 더불어 '회복탄력성'이라는 심리학 단어를 언급합니다. 아무리 힘든 고난일지라도 자신에겐 그것을 이겨낼 힘이 있다고 믿는 것을 회복탄력성이라고 합니다. 회복탄력성을 가장 방해하는 요소 중 하나가 완벽주의를 요구하는 부모들의 교육 방식에서 비롯됩니다. 회복탄력성은 무언가를 잘했을 때 인지되는 것이 아니라 실패의 경험과 그것을 극복했던 과정에서 얻어집니다.

부모로서 가장 두려워해야 하는 것은 자녀가 좌절을 겪지 못하게 모든 것을 차단하는 경우입니다. 실패에 괴로워해본 적 없는 아이는 자기 자신 안에 내재한 회복탄력성을 만나지 못합니다. 『딸에게 보내는 심리학 편지』는 마지막에 이렇게 매듭을 짓습니다.

인생 별거 없다. 그냥 재미있게 살아라.

저도 우리 반 학생들에게 학교 일과를 마치며 같은 말을 해줍니다.

"오늘 학교에서 재밌었니?"

"네~!"

"그럼 됐다!"

모든 아이들이 어제도 재밌었고, 오늘도 재밌었고, 내일도 재밌을 거라는 기대에 찬 채 잠자리에 들기를 바랍니다.

필수 Q&A ①

산만한 아이,
주의력 키우는 방법

Q. '주의력', 부모님들이 많은 관심을 가지는 주제입니다. 특히 우리
아이가 산만하다고 생각하는 부모님은 귀가 솔깃할 것 같습니
다. 초등학생의 주의력, 평균은 어느 정도인가요?

A. 일반적으로 교육자들이 말하는 초등학생들의 수업시간 주의력
은 15분 정도입니다. 저학년은 10~15분, 고학년은 15~20분이라
고 생각하시면 됩니다. 하지만 이건 어디까지나 평균일 뿐, 아이
들마다 편차가 큽니다. 그래서 보통 수업을 잘하는 교사를 보면
10분 간격으로 새로운 것을 하나씩 제시해줍니다. 아이들이 지
겨울 만할 때 다시 새로운 관심을 갖게 합니다.

Q. 먼저 산만한 아이에 대한 질문입니다. 집중을 잘 못하고 산만한 아이들은 왜 그런 건가요?

A. 집중을 잘 못해서 산만한 것이 아닙니다. 산만함은 주의력이 부족해서 생기는 겁니다. 우리가 보통 'ADHD'라고 부르는 아이들은 '집중력 결핍'이 아닌 '주의력 결핍'입니다. 산만한 아이들도 본인이 관심 있는 영역은 일반 아이들보다 훨씬 더 집중해서 빠져듭니다.

Q. 집중력과 주의력, 다른 것 같으면서도 비슷한 표현인데 구체적으로 어떻게 다른가요?

A. '집중력'은 지금 내가 하고 있는 것에 몰두하는 능력입니다. '주의력'은 내 주변의 현상들에 반응하는 능력입니다. 예를 들어 철수가 만화책을 즐겁게 읽고 있습니다. 당연히 만화책에 집중하고 있는 순간입니다. 그때 엄마가 밥 먹으라고 말하는 순간 "네!" 하고 응답하는 아이는 '주의력이 있는' 겁니다. 그런데 부름을 듣지 못하고 엄마가 몇 번씩 불러야 대답하는 아이는 '주의력이 부족'한 겁니다. 보통 우리는 엄마 말도 못 듣고 있을 정도로 무언가에 빠져있을 때 집중력이 높다고 표현합니다. 엄밀히 표현하면 그런 아이는 집중력이 강한 것이 아니라 주의력이 약한 겁니다.

Q. 일반적으로 정신없이 뛰어다니거나 산만한 아이들을 '집중력이 떨어진다'라고 표현하잖아요. 노느라 불러도 듣지 못하는 아이들 경우에도 집중을 못 하는 게 아니라 주의력이 부족한 거네요.

A. 네, 맞습니다. 우리가 산만하다고 하는 아이들도 사실은 가만히 앉아 있지 못할 정도로 주변의 관심 가는 것들에 집중하고 있습니다. 집중하는 만큼 타인의 요구에 주의를 기울이지 못하죠. 그래서 주의력이 현저히 떨어질 때 두 가지 양상으로 나타납니다. 오로지 한 가지에 고도로 집중하는 자폐적 성향이 나타나거나, 외부의 자극에 집중하는 ADHD의 모습을 보입니다. 어떤 경우든 주의력이 부족하다는 공통점이 있습니다.

Q. 초등학생이 공부를 잘하려면 집중력이 중요한가요, 주의력이 중요한가요?

A. 보통 엄마들이 공부를 잘하려면 집중을 해야 한다고 믿습니다. 하지만 초등 시기에는 집중력보다 주의력이 학습에 더 많은 영향을 줍니다. 원래 아이들은 자기중심적입니다. 풀어서 말하면, 내가 중심이 되어 자신에게 관심 있거나 흥미 있는 것들에만 집중하는 겁니다. 7~12세 어린이들이 책에 쓰인 글씨를 보고 흥미를 느끼거나 집중하는 것은 지극히 어려운 일입니다. 그래서 어른들은 아이에게 선생님 말씀을 잘 들으라고 말하죠. 잘 들으라는 말은 집중력보다는 주의력이 좋은 겁니다. 어린아이들은 대

부분 집중력이 좋다고 생각하시면 됩니다. 단, 아이들마다 주의력에 차이가 있기 때문에 학습 결과에 간극이 벌어지기 시작합니다.

Q. 주의력이 뛰어난 아이는 어떻게 그런 거죠?

A. 유전적인 부분도 있습니다만 방법을 찾기 위해 환경적인 부분을 말씀드리겠습니다. 평소 주의력이 좋은 아이들을 면담하다 보면 공통점이 있습니다. 그 아이들은 면담하면서 저의 시선을 피하지 않는다는 겁니다. 본인이 말할 때, 제가 말할 때 모두 저와 시선을 마주합니다. 반면에 주의력이 낮은 아이들은 본인이 말할 때나 제가 말할 때 시선을 마주하는 시간이 짧거나 아예 피해버립니다. 결국 주의력이란, 나에게 집중하는 것에 머무르지 않고 타인과 '교류'하는 과정에서 생긴다는 뜻입니다. 어린 시절부터 눈을 자주 마주 보며 타인의 반응을 충분히 경험한 아이들은 다른 사람의 말, 표정, 손동작, 눈동자의 미세한 떨림 등을 통해 외부의 자극에 대한 주의력이 향상된다고 해석할 수 있습니다.

Q. 주의력이 현저히 떨어지는 아이는 어떻게 해야 할까요?

A. 대부분 부모님은 몇 번 부르다가 버럭 화를 냅니다. 아이는 분명

안 들려서 대답을 못 했을 뿐인데 혼나서 당황스러워합니다. 그래서 주의력이 부족한 아이는 자존감이 낮아지는 경우가 많습니다. 본인 입장에서는 억울하게 혼이 나기 때문인데요. 주의력이 부족한 아이들에게 효과 있는 방법은 말없이 다가가서 살짝 터치하는 것입니다. "조용히 해!" "뛰지 마!" "앉아!"라고 소리치지 말고 다가가서 살짝 머리를 쓰다듬거나 어깨에 손을 얹는 겁니다. 음성이 아닌 직접적인 신체접촉이 필요합니다. 그러면 아이가 집중하던 것을 멈추고 고개를 돌려 바라봅니다. 그때 눈을 마주 보면서 조용한 목소리로 또박또박 말해줍니다. "수업 중이니 자리에 앉아야 하는 시간이야." 그러면 5분 정도 앉아 있다가 다시 산만해지기 시작합니다.

Q. 겨우 5분이잖아요. 이게 효과가 있다고 할 수 있을까요?

A. 주의력이 떨어지는 아이가 조용한 말 한마디를 듣고 가만히 5분 동안 앉아 있는 건 대단한 겁니다. 대부분은 버럭 소리를 질러야 깜짝 놀라서 잠깐 자리에 앉습니다. 제가 조용히 말하는 모습을 통해 주변의 아이들과의 관계도 좋아지기 시작합니다.

Q. 관계가 좋아지기 시작한다는 건 주의력이 좋아지기 때문이라는 건가요?

A. 아닙니다. 주의력은 그저 5분 정도입니다. 단, 다른 아이들도 제가 하는 것을 보고 똑같은 방식으로 그 아이와 관계 맺기를 합니다. 주의력이 좋지 못한 아이들은 놀 때도 다른 친구의 말을 잘 듣지 못합니다. 놀이 규칙에 적응 못 하고 자기만의 방식으로 하려 하죠. 그런데 제가 접촉을 통해 주의를 환기시킨 후에 조용히 이야기하면 다른 아이들도 주의력이 약한 친구에게는 말하기 전에 먼저 어깨를 건드립니다. 그 친구가 고개를 돌리면 그때 설명을 해주죠. 주의력이 좋아지기 시작하는 건 그때부터입니다.

Q. 친구들과의 관계를 통해 주의력이 좋아진다는 말씀인가요?

A. 네, 맞습니다. 주의력이 좋아지기 위해서는 앞에서 말씀드렸듯이 타인과 자주 눈동자를 마주하는 경험을 해야 합니다. 한 반에 20명이 넘는 아이들이 있습니다. 제가 아무리 뛰어난 능력이 있

다 해도 주의력이 부족한 아이 1명만 하루 종일 바라보고 있을 수 없습니다. 결국 주의력이 부족한 아이와 어떻게 관계 맺기를 해야 하는지 다른 아이들이 알게 해줘야 합니다. 쉬는 시간, 중간 놀이 시간, 점심시간 등을 통해 친구들이 그 아이와 놀면서 주의력 향상에 도움을 주는 겁니다. 놀이는 이기는 재미가 있기 때문에 이기기 위해서라도 적극적으로 듣게 됩니다.

Q. 가정에서 주의력이 약하고 산만한 자녀가 있는 경우에 부모는 어떻게 해야 할까요? 집에는 친구들이 없잖아요.

A. 방법은 같습니다. 큰소리로 혼낸다고 주의력이 생기지 않습니다. 작은 신체접촉으로 일단 주의를 환기시키고, 후에 조용한 목소리로 상황을 말해주면 됩니다. 그리고 이걸 엄마 아빠 모두 같은 방식으로 하셔야 합니다. 다른 형제가 있는 경우 그들도 부모의 방식을 보면 똑같이 할 수 있게 됩니다.

Q. 요약하면, 먼저 신체접촉 후 눈을 마주 보고 조용한 말투로 전달하라는 건데요. 생각보다 너무 간단하네요. 또 도움이 될 만한 것 없을까요?

A. 생각보다 간단하지만, 막상 하려면 쉽지 않습니다. 일단 화부터 나죠. 도움이 될 만한 방법은 더 있습니다. 직접적인 방법이라기보다는 도움이 되는 보조 방법인데요. 자연 속에서 산책하는 것

입니다. 자연은 알게 모르게 끊임없이 아이의 오감을 부드럽게 자극합니다. 그런 자극이 주의력 향상에 도움이 됩니다. 그리고 주의력이 떨어지는 아이가 절대 가지고 있으면 안 되는 물건이 있습니다. 바로 스마트폰과 휴대용 게임기입니다. 이 두 가지는 요즘 아이들의 주의력을 떨어뜨리는 환경요소 1위라고 보시면 됩니다. 주변 이야기를 거의 듣지 못하고, 들을 필요도 못 느끼는 신체감각으로 아이들을 굳어지게 합니다.

Q. 초등학생들의 주의력 향상, 정리해주시죠.

A. 점차 주의력이 필요 없어지는 시대가 되고 있습니다. 이어폰 끼고, 유튜브 보면서, 물건을 주문하고, 혼자 밥 먹고, 혼자 쉬고, 혼자 노는 시간이 많아집니다. 초등 시기에 관계 맺기를 통한 주의력을 익히지 않으면, 우리 아이들은 성인이 되어 혼자 방에 있는 것이 가장 편한 사람으로 살아가게 될 가능성이 높아집니다. 내 아이의 주의력, 단순히 학습을 위한 능력이 아닌 더불어 살아가는 능력의 깊은 근간임을 기억하시기 바랍니다.

2장
대인관계

: 애도, 자존감, 근원적 물음,
자기조절력, 관계 맺기, 싸움

일곱 번째 책

『좋은 이별』
김형경 지음 | 사람풍경 | 2012년 5월

충분히 슬퍼할
애도 기간이 필요하다

세상에는 좋은 책이 참 많습니다. 정말 좋은 책은 몸과 마음이 의지적인 노력 없이도 나를 변화하게 만드는 책입니다. 그런 책을 만나는 것은 큰 행운입니다. 학생들을 교육하든 자녀를 양육하든 가장 좋은 방안은 아이를 변화시키는 것이 아니라, 내가 먼저 변하는 것입니다. 여러분에게도 그런 행운이 찾아오기를 바라면서 이 책을 소개합니다.

어린이가 애완견을 잃었을 때는 재빨리 다른 강아지를 사줄 게 아니라 잃은 강아지에 대해 충분히 슬퍼할 시간을 준다. 슬퍼하고 낙담하는 시간을 보낸 다음에 괜찮아지면 그때 다른 애착 대상을 마련해준다.

아이가 무언가를 잃거나 실패하고 상실에 빠져 있을 때 맨 처음 할 일은 아이가 충분히 슬퍼할 시간을 주는 것입니다. 바로 대체할 무언가를 마련해주는 것도 아니고, 별일 아니니 낙담하지 말라고 다독여주는 것도 아닙니다.

학급에서 키우던 2마리 토끼 중 1마리가 갑자기 이유를 알 수

없이 죽었습니다. 그날 저는 맨 처음 교실에 들어가 누워 있는 갈
색 토끼를 조심히 꺼내 상자에 담았습니다. 그리고 교실 담임 캐
비닛에 넣었습니다. 학급 아이들에게 사실대로 말할지, 아니면
다른 곳으로 입양을 보냈다고 둘러대야 할지 고민했습니다. 죽
었다고 말하면 아이들이 분명 슬퍼할 테고, 어딘가에 더 좋은 환
경으로 보냈다고 하면 그나마 쉽게 잊힐 거라 생각했습니다. 그
때 『좋은 이별』이 큰 도움이 되었습니다. 아이든 어른이든 이별
에 따른 상실감을 충분히 '애도'하는 기간이 필요함을 깨달았습
니다.

토끼가 죽은 날은 아이들에게 중요한 시험이 있었습니다. 시
험이 끝날 때까지만 알려주는 것을 유보하기로 했습니다. 아파
서 잠깐 동물 병원에 데려갔다고 둘러대고, 시험이 다 끝난 후 학
급 아이들에게 사실대로 말해줬습니다. 우리가 정성스럽게 돌봤
지만, 이유를 알 수 없이 죽었다고 말이죠. 행여 아이들이 토끼의
죽음을 자신들의 책임으로 여겨 죄책감을 가질까 염려되어 너희
들의 잘못이 아님을 분명히 알려줬습니다. 삶과 죽음이라는 것
이 인위적으로 어찌할 수 없는 것이라는 설명도 덧붙였습니다.
그리고 쉬는 시간이 됐을 때 아니나 다를까 학생들이 울기 시작
했고, 옆 반 학생들도 통곡하기 시작했습니다. 충분히 애도의 눈

물을 흘리도록 기다렸습니다. 다음 날 아이들이 정성스레 적은 편지와 함께 학교 놀이터 부근 화단에 묻어주며 장례식을 치렀습니다. 그토록 아이들의 진지한 표정을 본 적이 없었습니다. 아이들은 죽음을 받아들이기 시작했습니다. **이별에는 그에 합당한 절차와 의식 그리고 충분히 슬퍼하는 애도의 기간이 필요합니다. 그 기간은 슬픈 현실을 직시할 때까지의 일종의 안전 장치였습니다.**

보통 무언가를 애도한다고 하면, 잃어버린 것에 대한 행위라고 생각하기 쉽습니다. 하지만 애도는 잃어버린 것에 국한되지 않습니다. 저자 김형경은 '알게 모르게 타인으로부터 혹은 환경으로부터 소외되고 상처받은 자기 자신을 위한 애도'가 필요하다고 말합니다. 그러한 애도는 단순히 슬퍼하는 것이 아니고 '자기 자신에 대한 위로의 표현'입니다.

애도해야 할 시기에 왜곡된 모습으로 자기 자신에 대한 위로보다 분노를 선택하는 경우도 있습니다. 그중 분노를 자기에게 돌려 착한 사람이 되는 생존법을 택하는 분도 있습니다. 그것은 천천히 자기를 죽이는 행위임을 알아야 합니다. 자신에 대한 자책으로 이어지는 것도 마찬가지라고 생각합니다. 자책은 자아

존재감을 깎아 먹는 데 탁월합니다. 그렇게 닳아버린 자아 존재
감은 결국 자녀에게 전이됩니다.

　이 세상에서 가장 위로받아야 할 사람은 남편도, 아이도 아닙
니다. 가장 먼저 나 자신을 위로해줘야 합니다. 누가 나를 위해
위로해준다 해도, 구슬피 울며 자기 자신을 스스로 위로해주는
것보다 더 큰 위안은 없습니다. 그 과정에서 나는 내 눈물에 위
로받고, 자아 존재감을 상실하지 않게 됩니다. 엄마의 모습에서
아이들 또한 스스로 애도하며 자기를 위로할 줄 아는 사람이 됩
니다.

　아이의 내적인 역량을 판단할 때 가장 먼저 기준이 되는 것이
있습니다. 그 기준은 상실을 어떻게 받아들이고 견디는지 살펴
보면 알 수 있습니다. 늘 밝고 명랑하던 아이일지라도 아주 작은
상실에 분노하고, 흥분한다면 그 아이는 아직 어떻게 애도해야
하는지 모르는 상태입니다. 그런 아이일수록 대부분 상실의 순
간에 부모로부터 다른 대체물이 빠르게 보상됐을 가능성이 높습
니다.

　우리는 보통 인성교육이라는 단어를 들으면 자녀가 예의 바르

누가 나를 위해 위로해준다 해도, 구슬피 울며 자기 자신을
스스로 위로해주는 것보다 더 큰 위안은 없습니다.
그 과정에서 나는 내 눈물에 위로받고, 자아 존재감을
상실하지 않게 됩니다. 엄마의 모습에서 아이들 또한
스스로 애도하며 자기를 위로할 줄 아는 사람이 됩니다.

고, 타인을 배려하며, 반듯하게 성장하는 모습을 떠올립니다. 하지만 **정말 중요한 인성교육은 크든 작든 간에 상실 혹은 거절의 상황에서도 잘 견뎌내는 힘을 가지게 하는 것입니다.** 그것이 인성교육의 완성단계입니다. 누구나 이별과 상실, 거절의 순간을 피할 수 없습니다. 자아 존재감을 잃지 않고 충분히 애도의 시간을 가지며 자신을 위로하는 능력을 가져야 합니다. 방법의 습관화는 언제든 숨이 끊어질 듯 아픈 순간에도 회피하지 않고 직시하며 결국 자신을 일으켜 세우는 힘을 지니게 합니다.

언젠가 우리의 아이들은 자신의 보금자리를 찾아 떠납니다. 떠나는 순간 그들이 어른이 되는 것은 아닙니다. 세상의 풍파 속에서 흔들리지 않고 자신의 자리를 유지할 수 있는 근본적인 힘은 스스로를 위해 눈물을 흘리고 애도할 줄 아는 능력에서 시작됩니다. 그런 과정을 거친 아이들은 비로소 홀로 걸어 나가는 어른이 될 준비가 된 것입니다.

아이가 슬픔을 마주할 때 함께 공감해주되 슬픔을 누리는 시간을 뺏지 마세요. 빨리 눈물에서 벗어나도록 다른 대체물로 회피하는 방안을 주지 마세요. 스스로 자리를 털고 일어날 수 있도록 기다려주는 울타리 역할을 해주면 그만입니다. 아직 흘린 눈물이 남아 있는 아이들을 억지로 웃게 하는 것은 아이들에게 슬픔에 빠져 있는 시간을 '나쁜 것' 혹은 '잘못된 행동'이라는 죄책감을 가지게 합니다.

자녀에게 애도의 시간을 주기 위해서 부모는 자녀가 슬퍼하는 것을 옆에서 견뎌줄 수 있어야 합니다. 많은 경우 슬퍼하는 아이를 보는 것을 견디지 못하고 아이 관심을 다른 데로 돌립니다. 이는 아이를 위한 것이 아니라 부모 자신의 힘겨움을 빨리 해소하기 위한 행위입니다. **가장 나쁜 것은 슬퍼하는 아이에게 화를 내는 행동입니다. 그런 일로 시간 낭비하지 말라고 혼내고 옆에 있어주지 않으면, 아이는 슬퍼하는 행위에 대해 '죄의식'을 갖게 됩니다.**

애도할 줄 아는 아이는 주체적인 자아를 찾는 과정에서 잃어버린 반쪽을 만난 것과 같은 성숙한 인격체가 됩니다. 그렇게 소중한 기회를 부모가 보기 애처롭다는 이유로 막아서지 않기를 바랍니다. 우리 아이가 친구 관계에 이별을 겪고 처음으로 눈물을 보인 날, 맘속으로 기뻐하시기 바랍니다. 드디어 '애도 능력'을 갖출 기회가 왔습니다.

『자존감 수업』

윤홍균 지음 | 심플라이프 | 2016년 8월

자존감은
부모로부터 전이된다

부모가 공부를 잘 못해도 공부 방법만 안다면 자녀가 공부를 잘하도록 이끌 수 있습니다. 하지만 부모의 자존감이 낮은 경우 자녀의 자존감을 높여주기는 매우 어렵습니다. 자존감은 매 순간 마주하는 작은 눈빛, 웃음, 손짓, 말투 하나하나를 통해 전이되기 때문입니다. 자존감 향상을 위해서는 자녀를 보기 전에 항상 부모 자기 자신을 바라봐야 합니다.

저자 윤홍균은 책의 서두에서 자존감의 세 가지 기본 축인 자기효능감, 자기조절감, 자기안전감을 말합니다. '자기효능감'이란 자신이 얼마나 쓸모 있는 사람인지 느끼는 것입니다. '자기조절감'이란 자기 마음대로 하고 싶은 욕구를 적절히 제어함을 말하는데, 이것이 충족돼야 자존감도 높아집니다. 마지막으로 '자기안전감'은 자존감의 바탕이며 안전하고 편안함을 느끼는 능력입니다. 정리하자면 **자존감 있는 사람은 자기 자신을 쓸모 있는 사람이라고 여기며, 자신의 의지대로 행동하고, 그러한 가운데 안전감 있는 상태를 유지하는 사람을 뜻합니다.** 자존감 관련 책을 여러 권 읽고 숙고하는 과정을 거쳤는데도 자존감이 생기지 않는다고 말하는 이들에 대해 저자는 다음과 같이 말합니다.

자존감 회복도 몸짱 되기와 비슷하다.

몸짱이 된다는 것은 기분 좋은 일이지만 정말 많은 땀방울이
필요합니다. 헬스 기본 교재를 여러 번 통독했다고 몸짱이 되지
않기 때문이죠. 결국 중요한 건 실천입니다. 책 내용 중 눈에 띄
는 몇 가지를 말씀드리겠습니다.

자존감을 회복하기에 앞서 버려야 할 것들을 소개합니다. 그
중 한 가지가 바로 '무기력'입니다. 저자는 무기력에서 빠져나오
는 방안으로 일단 움직이라고 제시합니다. 프랑스 정신과 의사
크리스토프 앙드레의 표현을 인용하여 "행동하지 않는 것은 주
로 자존감 낮은 사람들의 전형적인 레퍼토리다."라고 말합니다.
뭔가 무기력하다고 느낄 때, 일단 움직이시기 바랍니다. 뭘 해야
할지 모르더라도 일단 뛰거나, 걷거나, 노래 부르거나, 물건들을
다시 정리해보는 것도 좋은 방안이 될 겁니다.

그 밖에도 자존감을 회복하기 위한 방안 중 마음에 와닿는 부
분이 있습니다. 바로 '과거를 떠나보내기'입니다. 과거 중에서도
특히 불행했던 과거와 거리두기 혹은 떠나보내기를 하라고 합니
다. 자존감이 낮은 사람들의 경우 지나치게 가까운 곳에 불행을

놓아둡니다. 아픈 과거를 수시로 꺼내기 위해서입니다. 상처가 과거에 머무르지 않고 자꾸 현재에 폭탄을 터뜨리는 것을 '재경험'이라고 하는데요. 재경험에서 못 벗어나는 사람은 호감 가는 사람, 동료, 혹은 부모로부터 상처받은 이야기, 따돌림당했던 이야기 등을 꺼내놓으며 불쌍한 나를 감당할 수 있겠냐고 물어봅니다. 이는 자신에게 붙은 불을 타인에게 옮기는 과정입니다.

자신의 문제를 분석하기 위해 많은 분들이 상처의 기원을 찾아냅니다. 문제는 기원을 찾아내서 그곳에 머물거나, 자꾸 뒤적이며 현재로 가져온다는 겁니다. 저자는 상처를 그곳에 놓아두라고 말합니다. 그리고 주문하듯 자신의 뇌를 향해 이렇게 말해야 합니다.

다 지나간 일이다.

이렇게 말해주는 이유는 뇌가 착각하고 있는 것을 자주 인식시켜 줘야 하기 때문입니다. 상처받은 과거를 떠올리는 것은 한 편의 공포 영화를 본 것과 비슷하다고 하는데요. 그 순간만큼은 무서워 비명을 지르지만, 영화관을 나오면 현실과 무관하다고 인식하는 것처럼 **과거는 과거일 뿐임을 뇌에 끊임없이 알려줘야 합**

**니다. 과거에 안 좋았던 기억을 현재에 부활시키려는 자신에게
"다 지나간 일이다"라고 주문을 외워보세요.**

자존감이 약한 사람은 과거나 미래 문제에 편중되어 있다.

문제 해결은 과거나 미래에 있지 않고 현재에 더 집중하면서
부터 시작된다고 말합니다. 지금 현 상황에 집중하는 습관을 들
여야 합니다. 현재에 집중하면 문제 해결을 앞당길 뿐 아니라 '매
력'이라는 이득을 얻을 수 있습니다. 현재에 몰두한 사람은 왜 매
력적으로 보일까요? 과거든 미래든 다 허상이지만, 유일하게 존
재할 수 있는 현실에 발을 디디고 섰을 때 그 사람을 참으로 존재
하게 만들기 때문입니다.

아이들은 늘 자신의 존재감에 대한 안테나를 열고 있습니다.
누군가 자신에게 관심을 가지는 순간 존재한다고 느낍니다. 그
래서 저는 틈나는 대로 학생들이 '선생님은 나에게 관심이 많구
나'라는 느낌을 자주 받도록 노력합니다. 아침에 교실에 들어오
는 모든 학생들의 눈을 마주보며 인사합니다. 그래서 아이들보
다 먼저 교실에 도착하는 편입니다. 교실에 일찍 도착해서 담임
책상에 앉아 책을 읽습니다. 학생이 들어오면 거리가 가까워질

때 눈을 마주하고 인사합니다. 쉬는 시간마다 제가 하는 일은 아이들을 바라보는 일입니다. 제 시선은 아이들을 향해 있습니다. 시선 안에서 아이들은 쉬는 시간을 안전하다고 느끼면서 즐겁게 떠듭니다.

아이가 학교와 학원에서 돌아왔을 때, 부모가 직장에서 돌아왔을 때 꼭 아이와 눈을 마주치며 인사하시기 바랍니다. **대부분 가정에서 집에 들어오면 얼굴도 스치지 않고 방으로 들어가 버리는 경우가 많습니다. 눈을 마주치는 인사는 서로의 존재감을 확인해주는 단순하면서도 효과 좋은 방법입니다.** 자녀뿐 아니라 아파트 엘리베이터에서 이웃과 눈을 마주치며 인사하는 순간도 마찬가지입니다. 나와 타인의 존재감이 서로 확인됩니다. 자존감에 무척 도움이 됩니다.

자녀의 머리를 쓰다듬고 포옹해주는 행위는 몸으로 서로의 존재감을 확인하는 절차입니다. 부부간 살포시 안아주고, 눈 마주쳐 인사하고, 안부를 묻는 작은 행위들이 자존감이 됩니다. 자존감은 배워서 하는 것이 아닙니다. 습관입니다.

아홉 번째 책 『아이들이 신에 대해 묻다』
안젤름 그륀, 안-우베 로게 지음 | 장혜경 옮김 | 로도스 | 2012년 6월

엄마 아빠도
언젠가 죽어요?

여러분은 자녀의 '직관'을 어느 정도 신뢰하십니까? 자녀의 마음에서 저절로 나오는 삶에 대한 의문점들에 어느 정도 귀를 기울이고 계십니까?

이번에 소개드릴 책은 보통의 교육서들과 조금 다릅니다. 아마도 여러 학부모님들이 관심 밖에 둔 사안을 논한 책이라고 생각합니다. 『아이들이 신에 대해 묻다』는 독일 베네딕토 수도회 신학자 안젤름 그륀과 아동 청소년 교육전문가로 활동하는 얀-우베 로게의 공동저서입니다. 두 저자는 자신의 분야에서 유명한 권위를 인정받고 있습니다. 안젤름 그륀의 경우 영성 관련 저서가 28개국 언어로 번역 출간하여 1,400만부 이상이 판매될 정도의 공신력을 인정받은 학자입니다. 얀-우베 로게의 경우 교육서가 전 세계 16개 언어로 번역될 정도로 반향을 일으키기도 했습니다.

그러한 두 거장이 심혈을 기울여 '영성으로 이끄는 교육'이라는 부제를 달고 집필한 것은 나름 의미 있는 작업입니다. 하지만 한국의 실정에서 '영성'이라는 표현과 '신'이라는 단어는 '종교교

육'이라는 선입견을 가질 수 있기에 학부모님으로부터 관심의 대
상이 되기는 어렵습니다.

　우선 이 책에 대한 편견을 없애는 것부터 시작하고자 합니다.
어떤 특정 종교의 교의 혹은 영성을 주입하려는 의도를 지닌 책
이 아닙니다. 그보다는 좀 더 보편성을 지니고 있습니다. 어떤 원
칙보다는 마음이 내는 소리에 먼저 귀를 기울이는 것에 중심을
두어야 한다고 일깨우는 책입니다.

　아이들은 내면으로부터 자연스럽게 생기는 근본적인 의문의
답을 찾기 위해 엄마 아빠에게 묻습니다. 자신이 어떻게 태어났
는지를 말이죠. 근원적으로 어떻게 생명이 탄생하는지에 대한
질문입니다. 더 나아가 죽는다는 것이 무엇인지 묻습니다. 그밖
에도 동화 속 요정과 천사는 존재하는지, 산타클로스 할아버지는
정말 착한 아이들에게만 선물을 주는지 등등 많은 질문을 던집니
다. 옆집의 못된 아이가 자기보다 더 큰 선물을 받았음에 분개하
면서 말이죠. 물론 모든 질문에 완벽하게 대답을 해주는 부모는
드물 겁니다. 그나마 비유적인 표현으로 정성을 다해 설명해주
는 정도가 최선입니다.

이 책 또한 아이들은 자기 내면에서부터 무언가 궁금한 것들이 출렁이고 있음을 바라봅니다. **아이가 궁금증을 자연스럽게 표출할 때 부모가 함께 동참하며 귀를 기울여주는 행위 자체가 중요하다고 말합니다. 그때 아이들은 계속해서 자기 자신, 즉 내면의 소리에 귀를 기울이는 것을 멈추지 않습니다.**

이 책에 따르면 4~5살부터 삶과 죽음에 대해 묻는다고 합니다. 나는 어디에서 왔는지, 엄마 아빠에게 오기 전에 나는 어디에 있었는지, 언젠가는 엄마 아빠 그리고 나도 죽게 되는지에 대한 물음들을요. 여러분은 자녀가 맨 처음 삶과 죽음에 대한 질문을 한 시기가 언제인지 기억나시나요? 정확히 몇 살이었는지는 모르겠지만 제 딸아이도 초등학교 들어가기 전에 그런 질문을 했던 것으로 기억합니다. 저자는 그러한 물음이야말로 **아이들이 처음과 끝에 대한 인식을 갖는 철학적 질문을 시작했다고 말합니다. 어찌 보면 가장 순수하게 자신의 근원을 본능적으로 혹은 직관적으로 궁금해하는 시기입니다.**

많은 교육자와 학부모가 자녀들의 자존감을 세워주기 위해 노력합니다. 초등학생은 자신이 타인에게 존재감 없이 비춰질까 봐 무척 두려워합니다. 왜 그리도 자신의 존재감과 자존감에 매

달릴까요? 아마도 생애 첫 존재에 대한 의문을 마주한 시기에, 자신의 질문이 별로 대단하지 않거나 하찮은 것으로 치부된 것이 발단이 되지는 않았을까요? 물론 억측일 수도 있습니다. 그러나 한 가지는 분명합니다. 인간이라면 누구나 자신이 어디서 왔고 어디로 가는지에 대한 궁금증을 숙제로 안고 있으며, 어린아이도 예외가 아니라는 사실입니다. 어리다고, 심지어 어리석다고 여겼던 아이들이 근원적 물음의 답을 진심으로 알고 싶어 질문을 던지고 있습니다. 아이들의 궁금증을 별거 아닌 것으로 치부하고, 영어 단어 하나 더 외우게 해야 한다는 강박에 사로잡혀 아이들의 질문을 무시하면 안 됩니다.

거꾸로 부모가 곧 중학생이 될 고학년 자녀들에게 삶과 죽음에 대해 질문한다면, 게임보다 재미없는 질문에 답하느라 시간을 낭비하고 싶지 않다고 답할 수 있습니다. 그래도 오늘 저녁식사 혹은 아이가 잠들기 전 자녀들에게 물어보세요. 산다는 것은 무엇이라고 생각하는지, 죽음이라는 것에 대해 어떻게 생각하는지, 네 자신은 어디서 왔다고 생각하는지 등에 관한 질문을요. 질문을 던지는 목적은 단 한 가지입니다. 멋들어진 대답을 듣기 위한 것이 아닌 아이들이 본능적으로, 천부적으로, 존재에 대한 물음을 가졌던 그때를 떠올리게 하기 위해서입니다. **세상에 휩쓸리**

듯 살아가지 않고, 스스로의 존재에 대해 늘 인식하고, 근원적 물음을 놓지 않는 태도가 중요하다는 것을 알아야 합니다. 학부모님도 스스로 같은 질문을 던져보시기 바랍니다. '존재한다는 것은 무엇인가?' 하고 말이죠.

여러분의 아이가 자신의 '존재에 대한 사유'를 결코 놓치 않기를 바랍니다. 사유하는 순간이야말로 가장 중요한 질문을 던지고 있는 찰나입니다.

열 번째 책

『이만하면 좋은 부모』

브루노 베텔하임 지음 | 김성일, 강선보 옮김 | 창지사 | 2006년 10월

자기조절력을 가진
아이가
자존감도 높다

코로나19로 인해 저의 학교생활은 완전히 바뀌었습니다. 의도하지 않았지만, 1학년과 5학년을 동시에 볼 수 있는 절호의 기회가 생겼습니다. 가급적 학생들이 밀집되지 않기 위해 오전과 오후 반으로 나뉘었습니다. 오전에는 1~3학년 학생들이 등교하고, 오후에는 4~6학년이 등교했습니다. 등교한 학생들도 교실 내에서 밀집도를 낮추기 위해 한 학급 학생들을 두 반으로 나눠수업을 진행했습니다. 덕분에 오전에는 1학년 부담임 역할을 했고, 오후에는 5학년 담임교사를 맡았습니다. 교육자로서 1학년과 5학년 아이들의 작은 행동 하나하나를 비교하며 동시에 관찰할 수 있었습니다. 등교 수업은 진행됐지만 아이들에게 힘든 상황이었습니다.

첫째, 아이들은 등교 후에도 4시간 동안 마스크를 착용하고 있어야 한다.

둘째, 아이들은 가급적 서로 1미터 이상 거리를 둬야 한다.

셋째, 아이들은 서로 신체접촉을 하면 안 된다.

넷째, 아이들은 서로 물건을 주고받을 수 없으며, 물건을 빌릴 수도 없다.

다섯째, 쉬는 시간을 5분으로 단축한다.

여섯째, 점심시간은 20분 단축하고, 운동장에 나가 놀 수 없다.

이 밖에도 아이들 입장에서 불편함은 소소하게 많았습니다. 수시로 체온 확인과 손 소독을 했고, 자신이 앉은 자리를 물티슈로 닦아야 했습니다. 조금이라도 교실에서 뛰거나, 친구와 접촉하려는 순간 바로 외부의 제지를 받았습니다. 엄격한 통제와 외부압력에 항상 노출된 상황이었습니다. 외부의 극단적인 제한 조치 속에서 아이들의 행동, 관계 맺기, 감정 표현, 문제해결 능력 등은 새로운 국면을 맞이했습니다. 변화된 환경 속에서 보여지는 아이들의 모습에 아이마다 진짜 내면 상황이 자주 드러났습니다.

변화된 환경과 상관없이 최대한 통제된 상황에 맞게 소통하고, 관계 맺기를 하면서 학교생활을 즐겁게 영위하는 아이들이 있습니다. 반면에 줄어든 쉬는 시간과 신체 놀이를 못 하는 상황 등이 불만이어서 화난 상태로 학교생활을 하는 아이들도 있습니다. 이들의 차이는 어디서 시작된 것일까요?

잘 양육된 사람은 외부환경의 변화에 관계없이 풍요롭고 만족스러운 내면 생활을 영위할 수 있습니다.[*]

이 구절에서 베텔하임이 말하는 자녀 교육의 목적을 찾을 수 있습니다. '만족스러운 내면 생활'입니다. 여기서 표현된 만족스러운 내면 생활이란 성공을 의미하지 않습니다. 세상이라는 외부환경 변화와 상관없이 자신의 내면에서 의미 있다고 생각하는 것들을 찾아 나가는 삶을 말합니다.

극도로 제한되고 통제된 환경에서 그래도 친구를 만나고 같이 밥을 먹을 수 있다는 것에 의미가 있다고 생각하는 아이들은 즐거운 학교생활일 것입니다. 점심시간도 짧고, 쉬는 시간도 5분밖에 안 되고, 마스크를 계속 쓰고 있어야 한다며 통제된 환경만 탓하는 아이들은 학교생활이 즐겁지 않습니다. 이건 **단순히 긍정적 성향이냐, 부정적 성향이냐를 뜻하지 않습니다. 외부의 변화들을 어떻게 받아들이느냐 하는 '인식'의 문제입니다.**

아이들이 놀이를 통해 배울 수 있는 최상의 수업은 놀이에 졌다고 세상이 끝난 것이 아니라는 사실입니다.[*]

저자는 놀이를 '현실로 가는 다리'라고 표현합니다. 여기서 저

---

[*]   브루노 베텔하임, 강선보·김성일 옮김, 『이만하면 좋은 부모』 창지사, 2006

는 '다리'를 '관계 맺기'로 해석합니다. 즉, 놀아본 경험이 부족한 아이는 현실 속 다른 사람들과 관계 맺기가 어렵습니다. 특히 저학년의 경우 친구나 선생님과 못 어울리는 아이들은 놀이 경험이 매우 부족했을 가능성이 높습니다. 양육자가 함께 놀아주는 시간이 많았다고 해도 매번 아이들이 이기는 게임을 위주로 했을 때, 아이는 자기감정에 대한 통제력을 상실하게 됩니다.

그렇게 되면 아이는 학교에서 외부로부터 규칙이라는 통제를 강하게 적용받습니다. 겪어보지 못했던 통제로 인해 강한 거부 표시를 행동으로 표출하면서 교실에서 소리를 지르거나, 물건을 던지거나, 다른 사람에게 폭력적으로 행동합니다. 문제는 그런 과정을 주변 친구들이 다 보고 있다는 겁니다. 집에서는 과격한 행동을 해도 주변으로 파급될 일은 없었습니다. 그러나 학교는 다릅니다. 본인 스스로도 자신의 행동이 주변 아이들에게 좋지 않은 시선으로 인식됐다는 걸 알게 됩니다. 그러면서 알게 모르게 '수치감'을 갖게 됩니다. 좋지 않은 패턴이 하나 더 추가된 겁니다.

자신의 감정이나 욕구를 주변 환경에서 요구되어지는 정도까지 제어하는 것을 '자기조절력'이라고 합니다. **자기조절력을 가**

진 아이들은 수치감은 낮아지고 자존감이 높아지는 모습을 보입니다. 반대로 자기조절력이 낮은 아이들은 수치감을 느끼는 기회가 빈번히 일어나고, 이는 낮은 자존감으로 연결됩니다.

초등 입학 전 부모의 역할은 우리 아이가 어떻게 제대로 잘 놀 수 있을까를 고민해야 하는 시기입니다. 특히 만 3세까지는 반드시 누군가 함께 놀아줘야 합니다. 완제품을 주고 혼자 놀게 하거나, 텔레비전을 혼자 보게 하거나, 스마트폰으로 영상을 보게 하는 것은 놀이가 아닙니다. 아이의 반응에 또 다른 생명력이 있는 반응이 와야 놀이가 됩니다. 만 3세 이상 아이가 장난감에 스스로 생명력을 부여하고, 장난감과 대화하듯이 놀 수 있을 때는 혼자 놀이가 가능하지만, 누군가 같이 노는 것과는 반응 속도를 비교할 수 없습니다.

완벽할 순 없지만, '이만하면 좋은 부모'인지 아닌지의 기준은 그리 복잡하지 않습니다. 음식을 잘 못해도 됩니다. 청소가 그리 깨끗하지 못해도 됩니다. 아이에게 좀 화를 낼 수도 있습니다. 그러나 한 가지만큼은 꼭 해야 합니다. 어떻게 해서든 함께 노는 시간을 확보하시기 바랍니다. 늦게까지 직장을 다니는 부모 입장에서는 매우 어려울 겁니다. 매일이 아니어도 됩니다. 단, 아이에게 일요일 오후에 함께 놀자고 약속하고 그것을 지키면 됩니다.
주말에 같이 자전거를 타기로 하고 그것을 지키면 됩니다. 아이
는 약속한 시간을 기다립니다. 그리고 자기를 위해 시간을 내어
준 부모를 통해 자기 자신을 소중한 사람으로 인식합니다. **'이만
하면 좋은 부모'의 기준은 '함께하기로 한 시간'을 지키는 행동 하
나만 하면 됩니다.**

어떻게 해서든 함께 노는 시간을 확보하시기 바랍니다.
늦게까지 직장을 다니는 부모 입장에서는 매우 어려울 겁니다.
매일이 아니어도 됩니다. 단, 아이에게 일요일 오후에
함께 놀자고 약속하고 그것을 지키면 됩니다.

열한 번째 책

『가끔은 격하게 외로워야 한다』
김정운 지음 | 21세기북스 | 2015년 12월

친구를
사귀는 것은
선택이다

많은 사람들이 예측 가능한 수순을 밟습니다. 대학을 졸업하고, 직장에 디니다가 퇴직합니다. 세상의 변화 속도가 인간의 나이 드는 속도와 비슷할 때는 상관없습니다. 하지만 세상의 변화 속도는 이미 광속으로 바뀌었습니다. 뿐만 아니라 코로나19처럼 예기치 못한 돌발 상황들이 수시로 다가옵니다.

미래사회에서 살아갈 아이들을 위해 현재 우리가 가르칠 현명한 무기는 '자아 욕망'입니다. 내 욕망을 알아야 주체적으로 살아가는 첫걸음을 시작할 수 있습니다. **변화와 돌발 상황 속에 어떻게 주체적으로 선택하고, 결단하고, 실행에 옮길 수 있는지에 대한 것들이 지금 우리 아이들이 배우고 익혀야 할 교육입니다.**

"난 집에 강아지 있다."
"나는 거북이 있어!"
"나는 기니피그 키웠어."

이때 아무것도 키운 적 없는 아이가 달려와 말합니다. 친구들이 나를 따돌린다며 혼내달라 합니다. 의도적으로 누군가를 고립시키거나 단절시키고, 수치감을 갖게 하는 행위를 왕따라고 합니다. 그런 일들은 보통 초등 3학년부터 시작됩니다. 왕따는 폭력입니다. 그리고 그런 상황에 대해서는 원인과 과정이 밝혀지고 사과의 과정이 동반되어야 합니다. 그런데 **또 다른 일반화된 문제는 아이들이 점점 누군가와 관계 맺기를 해야 한다는 강박에 시달리고 있다는 겁니다.** 절친을 사귀지 않으면 따돌림을 당하기 때문에 일단 내 편을 만들어놓고 함께 있어야 불안하지 않다고 생각합니다.

심리학적으로 자유란 '선택의 자유'를 뜻한다.

친구를 사귀는 것 역시 '선택'입니다. 필수가 아닙니다. 혼자서도 잘 놀 수 있고, 상황이 되면 누군가와 함께 놀 수도 있는 겁니다. 순간순간 선택하는 아이들은 자유롭습니다. 그런데 몇몇 학부모님은 아이에게 선택을 필수라 가르치고, 관계에서 배제되는 순간 온 세상을 잃을 것처럼 설명하며 단 한 순간도 외롭지 못하게 만듭니다. 아이는 혼자 있음을 불안한 상황인 것으로 인식합니다. 그래서 계속 누군가의 곁에서 배회하는 모습을 보입니다. 아이는 누군가를 만나 관계를 맺고, 배우고, 익히며 많은 정보를 수집하고 정리합니다. 그리고 익숙해지면서 그 단계에 머물러 있습니다. 그러다 때가 되면 짐을 싸고 떠납니다. 혼자 걷고, 낯선 사람을 만나고, 다시 혼자 빈 집에서 외로움을 맛봅니다. 그러면서 자신의 메타인지가 작동합니다.

'나는 지금 어디에 있는가?'

내 안에 있는 자아를 보는 시간은 '외로운 시간'이 유일합니다. 외로운 시간이라고 해서 꼭 명상하듯 조용히 있어야 하는 건 아닙니다. 외로움의 조건은 '혼자'입니다.

학급에서 한 달에 한 번 정도 짝을 바꿉니다. 보통은 제비뽑기를 통해 결정됩니다. 제비뽑기를 하기 전 아이들에게 이렇게 물어봅니다.

"짝 없이 혼자 앉고 싶은 사람?"

처음에는 아이들이 질문을 이해하지 못했습니다. 한 번도 못 들어본 질문이었기 때문입니다. 그래서 다시 설명합니다.

"반드시 꼭 짝이 있어야 하는 건 아니거든. 선택권을 줄 거에

짝은 있어도 되고 없어도 됩니다. 선택입니다.

우리 아이들이 누군가와 같이 있을 수도 있지만,

혼자 있을 수도 있는 그런 사람으로 성상하기를 바랍니다.

요. 한 달 동안 짝 없이 혼자 앉고 싶은 사람은 뽑지 말고 혼자 앉는 자리를 주겠습니다."

처음에는 아무도 없었습니다. 그러나 어느 순간부터 한 명, 두명, 세 명 혼자 있음을 선택합니다. 교실에서 무조건 짝이 있어야하는 환경 때문에 아이는 무의식적으로 최소한 반드시 둘 이상이어야 한다고 결정합니다. **짝은 있어도 되고 없어도 됩니다. 선택입니다. 우리 아이들이 누군가와 같이 있을 수도 있지만, 혼자 있을 수도 있는 사람으로 성장하기를 바랍니다.**

열두 번째 책

『마흔에 읽는 손자병법』
강상구 지음 | 흐름출판 | 2011년 7월

내 아이와
잘 싸우는 방법

아이들은 참 솔직합니다. 상담하다 보면 아이들의 솔직함에 깜짝깜짝 놀랍니다.

"집에만 가면 전쟁이에요."
"전쟁? 무슨 전쟁?"
"엄마가 그래요. 아빠 때문에 맨날 전쟁이라고."

그나마 1~4학년 정도에는 이렇게 말하지만, 5~6학년이면 전쟁의 양상과 이유가 바뀝니다.

"집에만 가면 전쟁이에요."
"전쟁? 무슨 일 있니?"
"엄마가 맨날 짜증나게 해서 정말 미치겠어요."

누군가 여러분의 자녀를 당신의 '적군'이라고 말하면 뭐라고 하시겠습니까? 말도 안 되는 소리라고 하실 겁니다. 당연히 적군이 아니죠. 그렇다고 아군도 아닙니다. 그냥 내 자식입니다. 그런데 이상하게도 부모는 자녀를 사랑한다고 하면서 시간이 갈수록 이 아이가 아군인지 적군인지를 살핍니다. 코로나19 이후, 사이버 심리상담실로 가족 간의 갈등 때문에 도움을 받고자 연락하는 학생과 학부모님이 급격히 늘었습니다. 함께 있는 시간이 많아졌고, 많은 시간 동안 전투를 치르느라 서로 상처를 많이 입었기 때문입니다. 상담하러 오신 많은 학부모님들이 이렇게 말씀합니다.

"코로나19로 인해 아이랑 하루 종일 집에 있습니다. 어떻게 대화해야 할지 모르겠어요. 대화하려고 다가가면 결국 싸움만 됩니다."

대부분 이런 수순을 밟습니다. 마음먹고 대화하려고 다가가는데, 건방진 말투와 눈동자를 보면 화가 올라옵니다. 그러면 부모가 가진 권한으로 제약하고 통제하려는 시도를 하게 됩니다. 아이는 저항하고, 결국 싸움이 일어납니다. 대부분 싸움을 하는 도중에 멈춰버리고 대치 상태가 됩니다. 아이가 말을 안 해서 멈추거나, 부모가 아이 방을 나와버리면서 멈춥니다. 싸움의 결론이 없습니다. 필요한 건 대화가 아닙니다. 어차피 대화는 안 되게 되어 있습니다. 초등 고학년 아이와 대화를 시도한 것 자체가 상대방을 전혀 모르고 접근한 겁니다. 이제부터 이렇게 생각하시기 바랍니다.

"대화는 필요 없다. 잘 싸우자."

상대방이 화친할 의사가 전혀 없는데, 하얀 깃발을 들고 가서 화친하자고 손을 내밀어봤자 정보만 노출됩니다. 중요한 건 어떻게 잘 싸워야 하는지 '싸움의 방법'을 알아야 합니다. 대화가 아닌, 잘 싸우기를 목적으로 가면 상처도 덜 받습니다. 어차피 싸우러 간 거니까요. 여기서 싸움의 방법이란, 상대방을 제압하고 이기는 것을 의미하지 않습니다. 서로를 위태롭게 만들지 않을 만큼만 싸움을 하는 기술을 뜻합니다. 『마흔에 읽는 손자병법』의 프롤로그에 이런 손자병법의 구절이 있습니다.

적을 알고 나를 알면 싸움이 위태롭지 않다.

대부분 마흔이 되도록 단 한 번도 제대로 싸우는 법을 안 배웠을 겁니다. 우리는 "서로 사이 좋게 지내라"라는 말을 들으며 컸죠. 지금도 이렇게 말하며 아이들을 가르칩니다. 그런데 막상 자녀와 싸우자니 도저히 심적으로 받아들일 수가 없습니다. 싸우는 과정에 집중하지 못합니다. 싸움 자체가 일어나면 안 된다고 생각해서 어떻게든 싸우지 않는 상황을 만들고 대화를 하려 합니다. 하지만 대화가 통하지 않아 대화는 결국 멈추게 됩니다.

"사이좋게 지내려면 잘 싸워서 아주 잘 이겨야 합니다."

잘 이기는 방법 중 하나는 '분노 조절'입니다. 분노와 화를 조절하지 못한 순간 승자와 패자 모두 상처를 입습니다. 뱉지 말아야 할 말 때문에 마음 깊숙이 또 다른 분노가 생깁니다. 감정은 뱉으라고 있는 게 아닙니다. 느끼라고 있는 겁니다. 책에서는 이렇게 말합니다.

적을 죽인다는 건 분노의 문제다.

보통 전쟁 영화를 보면 주인공이 조국을 위해서 혹은 가족을 위해서 나가 싸워 적들을 물리치자고 말합니다. 하지만 손자병법에서는 현실을 직시하고 있습니다. 싸운다고 해서 모두 죽일 필요는 없다고 말이죠. 죽이는 건 '분노'의 문제일 뿐이라고 일축합니다.

자녀와 싸움이 일어났을 때, 분노는 아이를 사지로 몰고 갑니다. 아이들은 선택권이 별로 없습니다. 분노에 완전히 먹히거나 혹은 기회를 봐서 도망칩니다. 대부분은 도망치지도 못합니다. 아이는 차곡차곡 저장된 분노를 언젠가 또 다른 누군가에게 쏟아냅니다. **부모인 내 자신이 분노감에 차있다면, 절대 자녀와 싸우지 마십시오. 우리의 싸움은 적군을 죽이기 위한 것이 아닙니다. 서로 위태롭지 않을 만큼만 싸우는 겁니다. 훗날 서로를 이해할 수 있는 순간이 올 때까지 기다리는 싸움입니다.** 반드시 이겨야 하는 싸움도 있습니다. 아이가 좋지 않은 습관이 들었을 때, 또는 잘못된 행동을 했을 때, 안전에 관련된 사안일 때는 이기는 싸움을 해야 합니다. 그럴 땐 최대한 빨리 끝내야 합니다. 싸움은 짧을수록 좋습니다. 최대한 짧게 끝내는 방법은 의외로 간단합니다.

"안 돼!"

단호하게 한마디 하는 겁니다. 아이가 아무리 보채거나 짜증을 내도, 안 되는 건 안 된다는 강한 끝맺음이 더 이상의 싸움을 만들지 않습니다.

필수 Q&A ②

놀면서
사회성 발달시키는 방법

Q. 초등학생들의 사회성 교육 참 막막합니다. 어떤 걸 중점으로 가르치는 게 사회성 교육인가요?

A. '사회성'이란 자신이 속한 공동체 및 사회에 적응하는 능력입니다. 즉, 사회에 적응할 수 있는지 없는지가 사회성이 있느냐 없느냐의 기준이 되는 것이죠. 교육학에서는 '사회성을 교육한다'라고 말하지 않고, '사회성을 발달시킨다'라고 표현합니다. 누구나 사회성을 지니고 태어났기 때문에 교육을 통해 발달시킬 수 있어 '사회성 발달'이라고 말하는 것입니다. 사회성은 몇 가지 행동 특성으로 발달 여부를 판단합니다.

Q. 어떤 행동 특성을 보고 사회성 발달 여부를 판단하나요?

A. 사회성 발달을 판단하는 데 꽤 많은 행동 특성들이 있습니다. 우
선 자신이 속한 사회에 '친사회적 행동'을 보이는지, '반사회적 행
동'을 보이는지를 봅니다. 그리고 사회에서 요구하는 '도덕성'을
얼마만큼 수용하고 따르는지도 살펴보고요. 특히 초등 시기에
중요하게 바라보는 사회성 발달 행동 특성은 바로 '사회적 조망
수용능력'입니다.

Q. '사회적 조망수용능력'이요? 용어가 어려워요. 풀어서 설명해주
세요.

A. 다른 말로 간단히 '역할 취득' 능력이라고 말합니다. 아이가 '내가
만약 철수처럼 축구를 잘한다면 얼마나 좋을까?' 하는 상상을 합
니다. 공을 몰고 가서 상대 선수를 제치고 멋지게 슛을 넣는 장면
을 떠올리는 겁니다. 그리고 마지막으로 그 순간의 기분과 감정
을 본인도 느껴보는 거죠. 이는 긍정적인 역할로의 전환입니다.
부정적 감정에 대한 역할 전환도 있습니다. 철수가 누군가를 때
렸을 때 보통 어른들은 이렇게 말합니다. "철수야. 네가 맞는 입
장이라고 생각해봐. 기분이 어떨 것 같아?" 이렇게 질문받은 철
수는 잠시나마 자신이 맞는 위치에 있을 때의 공포감, 억울함, 아
플 것 같은 두려움 등을 떠올리게 됩니다.

Q. 초등 시기에 사회적 조망수용능력이 중요한 이유가 뭔가요?

A. 심리발달 단계상 자기중심성에서 벗어나 타인의 입장이 되어보고, 타인이 느낄 감정 상태를 상상할 수 있는 시기가 바로 초등학생이기 때문입니다. 이 시기에 타인의 감정을 추론해보는 과정을 자주 해봐야 하는데요. 그런 과정을 충분히 겪지 못했을 때 타인을 수용하는 능력이 부족해집니다. 이는 결국 사회성 발달에도 지장을 초래하게 되는 거죠.

Q. 그럼 어떻게 해야 사회적 조망수용능력이 생기나요?

A. 많은 교육심리학자들이 사회적 조망수용능력 발달을 위해 추천하는 공통적인 방법이 있습니다. 바로 자주 놀게 해주는 겁니다. 그런데 그냥 노는 것이 아닌 사회성을 발달시킬 수 있는 놀이 환경을 제공해야 합니다. 사회성 발달 놀이 환경이란, 타인과 같이 노는 환경을 말합니다. 요즘 아이들은 과거보다 사회성이 결여된 놀이를 하고 있습니다. 주범은 바로 텔레비전 시청과 과도한 핸드폰 사용, 컴퓨터 게임입니다. 그리고 정교한 장난감도 마찬가지입니다.

Q. TV 시청, 핸드폰이나 컴퓨터 게임은 이해가 돼요. 주로 혼자서 하니까요. 그런데 정교한 장난감은 뭘 말하는 거죠?

A. 요즘 가정에 아이가 혼자인 경우가 많습니다. 텔레비전이나 게

임은 좋지 않다고 생각해서 나름 주의 깊게 신경 쓰는 엄마 아빠도 있습니다. 대신 정교한 장난감을 사주시죠. 정교한 장난감이란 혼자서 가지고 놀 수 있는 완제품을 말하는 겁니다. 혼자서 완제품 장난감을 가지고 노는 아이를 보면서 엄마는 흐뭇해합니다. 그렇게 아이는 혼자 장난감과 놀고, 엄마 아빠는 자신의 할 일을 합니다. 영유아기에는 엄마나 아빠와 함께 놀 수 있는 환경이 아주 중요합니다. 어린이집이나 유치원에 등원할 나이에는 최소 2~5명 내외로 함께 노는 환경이 절대적이고, 초등 시기에는 2~5명이 한 팀이 되어 상대 팀과 겨루는 집단놀이 환경이 필요합니다.

Q. 요즘처럼 자녀가 하나둘 정도인 환경에서는 가정 내에서 사회성을 발달시키는 건 한계가 있겠네요.

A. 그렇습니다. 3살 이전 영유아기 때까지 누군가가 함께 충분히 놀아주셨다면, 그것으로 그 시기 사회성 발달을 위해 최선을 다해주신 겁니다. 3살 이후는 가족이 아닌 사람과 노는 시간과 환경이 필요합니다. 그런 견지에서 학부모님께 드리고 싶은 말이 있습니다. 학교에서 쉬는 시간이나 점심시간에 친구들과 놀 수 있

도록 학원 숙제를 줄여줘야 합니다. 갈수록 쉬는 시간이나 점심 시간에 학원 숙제를 하는 아이들이 늘어납니다. 그런 상황을 볼 때마다 너무 안타깝습니다. 초등 시기에 그룹을 이루어 놀 수 있는 곳은 학교밖에 없습니다. 학교가 끝나고 동네에서 아이들이 함께 모여 놀던 시대는 지나간 지 오래입니다. 그나마 마지막 보루로 남아 있는 학교 쉬는 시간과 점심시간마저 이렇게 없어진 다면 사회성이 발달할 시기를 놓친 아이들이 어른이 되는 시대 가 옵니다. 생각만 해도 겁이 납니다.

Q. 지금까지의 내용을 정리하자면 초등 시기는 집단 놀이 환경이 사회성 발달에 아주 중요하다는 건데, 그럼 가정에서 학부모님들 이 할 수 있는 방법은 없나요?

A. 가정에서는 두 가지 방법을 말씀드리겠습니다. 첫째는 최대한 자주 일가친척과 만나거나 함께 여행 가는 기회를 가지는 겁니 다. 둘째는 쉽지 않겠지만 부모로서 자녀의 심리 상태를 최대한 자주 공감하려는 시도를 하는 겁니다. 그냥 말로만 하는 공감은 별 효과가 없고, 자녀의 마음이 전이됐다고 느껴질 만큼의 공감 을 자주 하셔야 합니다. 부모의 이런 태도는 자녀가 간접적으로 라도 타인을 바라보고 공감하는 능력을 가지게 합니다. 자녀의 사회성 발달에 긍정적 영향을 주죠.

Q. 마지막으로 초등 아이들의 사회성 발달에 대해 정리해주세요.

A. 학급 25명 학생들이 쉬는 시간에 노는 소리를 측정해봤습니다. 100데시벨 가까운 소음이 측정되더군요. 이 정도면 지하철이 옆에서 지나가는 수준의 소음입니다. 그걸 보면서 '짧은 쉬는 시간 동안 죽기 살기로 놀고 있구나'라는 생각을 했습니다. 우리 아이들이 이렇게 죽기 살기로 애쓰지 않아도 집단 놀이를 할 수 있는 시간과 공간이 보장되어야 합니다. 그래야 규칙과 변수를 감안하고, 협동 및 경쟁하는 올바른 사회성을 발달시킬 수 있습니다. 이건 가정교육으로만 해낼 수 있는 일이 아닙니다. 사회적 합의와 정책적 제도가 보장되어야 합니다. 많은 분들이 초등학생들의 노는 문화가 보장될 수 있도록 관심 가져주시길 당부드립니다.

3장
생활학습

: 자연 체험, 읽기, 좋은 습관,
문해력, 글쓰기, 욕구

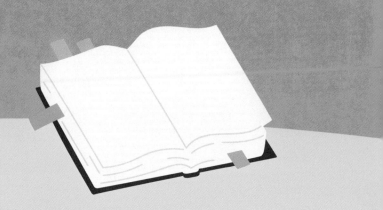

열세 번째 책

『자연이 마음을 살린다』

플로렌스 윌리엄스 지음 | 문희경 옮김 | 더퀘스트 | 2018년 10월

아이를 키우며
자연은 필수다

이것을 한 달에 최소 5시간 정도 할 것을 권장합니다. 5시간을 분으로 계산하면 300분입니다. 300분을 30일로 나누면 하루에 10분입니다. 하루에 10분만 이것을 해도 우울증 예방에 좋다고 합니다. 이것은 무엇일까요?

이것은 바로 풀과 나무가 있는 공간에서 산책하는 겁니다. 가급적 자연으로 둘러싸인 곳이면 좋겠지만, 도시에 사는 이들에게는 가까운 도심공원도 괜찮습니다. 정 안되면 책상에 작은 화분을 놓고 바라보는 것도 효과가 있다고 합니다. 이것도 안 되면 휴대폰 배경화면을 나무가 우거진 숲으로 해놓고 잠시 바라보는 것도 좋습니다.

저자 플로렌스 윌리엄스는 잡지 〈아웃사이드〉의 편집자로서 자연의 치유력에 관련된 여러 연구 자료를 검토하고, 직접 여러 나라를 방문한 토대로 이 책을 썼습니다. 자녀 교육서에 무슨 자연 서적일까 의아하실 수도 있습니다. 하지만 이 책을 알게 된다면 생각이 달라지실 겁니다. 자연을 가까이하고 살아가는 삶과 그렇지 않은 삶과의 차이를 객관적 사례 및 연구를 통해 정리했습니다. 더불어 자연친화적 경험들이 자녀의 성장 및 삶의 패턴, 생활 습관에 어떤 영향을 미치는지 살펴볼 수 있습니다. 다음은 자녀의 인지능력에 관심이 많으신 학부모님들은 귀가 솔깃할 구절입니다.

소음이 5데시벨 상승할 때마다 독해 점수가 2개월 지연되는 수준으로 떨어져서 결과적으로 20데시벨 더 시끄러운 지역에 사는 아이들의 독해 능력은 1년 가까이 뒤처졌다.

이 연구는 소음공해와 아동의 인지능력에 관한 연구 결과인데요. 영국, 스페인, 네덜란드의 공항 주변의 초등학교 학생 수천 명을 추적조사해서 얻은 결과입니다. 평소 집안의 소리에 대해 생각해보시기 바랍니다. **거실에 늘 의미 없이 텔레비전이 켜져 있었다면 얼른 끄세요. 지하철 소음, 자동차 소음, 하늘을 지나가는 비행기 소음 등 이 모든 것들이 자녀의 인지능력에 부정적 영향을 미치고 있습니다.**

이 책에서는 스마트폰에 중독된 아이들의 사례가 나오는데, 실제 한국에서 진행된 연구입니다. 스마트폰에 중독된 사례가 한국에서 진행되었다는 것 자체가 씁쓸합니다만, 실제로 한국 아이들의 스마트폰 중독은 매우 심각합니다. 연구에서 11~12세 아이들은 이틀간 숲 여행을 했습니다. 두 집단 모두 스트레스 받을 때 분비되는 코르티솔 호르몬 농도가 떨어지고 자존감이 유의미하게 높아졌습니다. 더구나 약 2주간 효과가 지속되었습니다. 연구 결과는 **최소 2주에 한 번 정도는 반나절 정도 자연에 머물게 하는 것이 자녀의 자존감을 높여주고, 스마트폰에 중독될 가능성을 낮춰준다는 것입니다.**

한편 이 책에서는 자연과 창의성의 관계에 대해서도 언급합니다. 요즘 아이들의 창의력이 어느 때보다 중요시되고 있습니다. 창의력은 기존의 지식들을 연결하여 새로운 해결 방안을 찾아내는 능력입니다. 자연이 창의성에 어느 정도 영향력을 미치는지에 대한 연구 결과가 있습니다. 56명의 연구 참가자 중 절반은 여행하기 전에 창의력 검사인 원격연상 검사를 받았습니다. 나머지 절반은 여행을 마치고 사흘이 지나서 같은 검사를 받았습니다. 비록 소규모 연구지만 단지 며칠만 자연에 나갔을 뿐인데 창의성이 50퍼센트나 향상되는 결과를 보였습니다. 50퍼센트면 엄청난 영향력이 있다는 것입니다.

이 책에 소개된 내용 중 자연이 초등학생에게 미칠 수 있는 영향을 정리해보면 다음과 같습니다. 첫째, 아이들을 각종 우울에서 벗어나게 해줍니다. 둘째, 아이들의 인지능력 향상에 도움이 됩니다. 셋째, 스트레스를 낮추고 자존감을 높이며 더불어 스마트폰 중독 예방에 도움이 됩니다. 마지막으로 원격연상 검사를 기준으로 했을 때 창의력을 50퍼센트 향상시킵니다. 아이와 자연을 멀리하는 것은 자녀 교육의 많은 것들을 포기하는 것과 같습니다.

　대한민국은 매우 작은 땅덩이입니다. 아무리 도심이라 해도 차를 타고 1시간만 나가면 어디든 자연을 만날 수 있습니다. 특히 국토의 70퍼센트가 산이며, 3면이 바다입니다. 자연을 만나기 아주 좋은 환경입니다.

　서울처럼 지하철 타고 북한산과 같은 명산으로 등산하러 갈 수 있는 도시는 거의 없습니다. 이렇게 조금만 신경 쓰면 마음껏 누릴 수 있는 자연을 지척에 뒀지만 철저하게 자연을 외면한 채 바쁘게 살아가고 있습니다. **자녀의 심리도 잘 모르겠고, 창의력을 어떻게 키워야 하는지 잘 몰라도 괜찮습니다. 틈나는 대로 자연으로 데려가면 됩니다.** 누구보다 현명하게 자녀 교육을 실천하는 방법입니다. 그런 분들은 자녀에게 인지능력, 자존감, 창의

자녀의 심리도 잘 모르겠고, 창의력을
어떻게 키워야 하는지 잘 몰라도 괜찮습니다.
틈나는 대로 자연으로 데려가면 됩니다.

력, 우울 예방, 스마트폰 중독 예방 등을 가르쳐주고 있는 겁니다. 단지 숲속, 강변, 바닷가를 걷는 것으로 말이죠.

가끔은 엄마도 혼자 산책하는 시간이 필요합니다. 산책하는 공간이 자연이면 더욱 좋습니다. 가로수가 길지 않아도 됩니다. 짧은 구간을 반복하듯 천천히 아무 생각 없이 왔다 갔다 하면 됩니다. 잠시 아이와 남편 고민과 친정 엄마 생각을 내려놓고, 걷고 있는 자신을 온전히 느껴보세요. 생각보다 큰 쉼의 시간이 됩니다.

이렇게 말씀드려도 여건상 산책 한 번 나가려면 큰마음을 먹어야 하는 가정도 있습니다. 그런 분들에게는 자연을 바라볼 수 있는 환경을 만들라고 말씀드립니다. **조그만 화분을 집안 곳곳에 놓고, 아이들에게 물을 주게 하는 것도 매우 긍정적 역할을 합니다.**

매년 교실 창가에 제법 큰 화분을 갖다놓습니다. 아이들이 직접 화분에 자갈과 흙을 담고, 씨앗을 심고, 물을 줍니다. 주로 넝쿨식물을 심고 줄을 띄웁니다. 넝쿨식물은 줄을 따라 길게 높이 자라기 때문에 5~6월이면 교실 한쪽 창문을 덮습니다. 햇살이 줄

기와 잎 사이로 들어와 교실을 은은하게 비춥니다. 한번은 여주를 심었는데, 아이들이 달큰한 빨간 여주 씨앗을 맛보고 무척 즐거워했습니다. 아이들은 말하지 않아도 자신이 심은 화분에 물을 주고, 매일 들여다보며 꽃이 피었나 확인합니다. 열매가 하루하루 커가는 모습을 지켜보며 응원해줍니다. 산책까지는 아니어도 바라보는 것만으로도 심리적 공감 능력이 생깁니다. 자녀를 키우면서 자연은 선택이 아닌 필수입니다.

열네 번째 책

『초등 공부력의 비밀』
기시모토 히로시 지음 | 홍성민 옮김 | 공명 | 2015년 8월

학습력의 차이는
'읽기'에 달렸다

> 학력은 영감이나 예감으로 키워지는 게 아니라 하
루하루 성실하게 쌓아가는 꾸준한 노력이 있어야 갖출 수 있
다. 당연히 단조로운 리듬을 견뎌내는 극기심이 필요하고 방
종은 허락되지 않는다.

『초등 공부력의 비밀』이 일본에서 출간된 시기는 1981년입니
다. 오래전에 출간됐는데도 현재까지 꾸준히 개정판으로 읽히는
이유는 초등교육에 있어 변하지 않는 기본적이고 필수적인 학습
을 다루기 때문입니다.

제목에서 말하는 '공부력'은 쉽게 표현하면 '학력'입니다. 더 풀
어 말하자면 '학습능력'을 뜻합니다. 저자는 학습능력을 보이지
않는 학력과 보이는 학력으로 나눕니다. '보이지 않는 학력'은 초
등학생이 공부에 대한 근력을 다지기 위해 필요한 가정 및 학교
에서의 노력을 말합니다. 예를 들면 부모와의 대화, 풍부한 어휘
노출, 표준어 사용 등이 아동의 언어력에 어떤 영향을 미치는지
설명합니다. 또한 독서, 놀이, 가정교육이 아이의 학습력에 얼마
나 깊이 연결되어 있는지를 설명합니다. 심지어 텔레비전 시청

과 설탕 섭취의 문제점에 대해서도 언급합니다. 아마도 이 책이 최근에 출간됐다면 인터넷 게임 중독과 인스턴트 섭취가 학습력에 어떤 영향을 미치는지 언급했으리라 생각됩니다.

제가 이야기하고 싶은 부분은 '보이는 학력'에 대한 것입니다. 저자는 보이는 학력을 초등 공부력의 기본이라고 표현합니다. 공부력의 기본에서 맨 처음 강조하고 있는 것은 '읽기 능력'입니다. **저자는 공부 잘하는 아이와 못하는 아이의 결정적인 차이를 '읽기'에 방점 찍고 있습니다. 학습이라는 것 자체가 활자로 표현된 것을 이해하고, 습득하는 체화의 과정을 거친 후, 결국 다시 문자로 표현하는 과정이기 때문에 읽기 능력을 최우선으로 강조하는 것입니다.** 학습 대부분이 글자를 읽는 데서 시작하는 한 읽기 능력은 초등교육에서 반드시 습관화 내지는 체화되는 수준까지 자리 잡아야 한다는 주장은 교사로서 무척 공감하는 부분입니다.

글자를 읽고 이해하고 논리적 사고를 넘어 추상적 개념을 습득하기까지의 과정은 어린아이일수록 어려워합니다. 어린아이는 논리적 사고가 아닌 직관적 사고를 우선으로 하기 때문입니다. 개인적으로는 초등 교육에서 논리와 직관 중 무엇이 우선인지에 대해서는 교육자로서 딜레마가 아닐 수 없습니다. 현 시대적 흐름에서는 창의적 사고를 중시하는데, 창의적인 발상은 논리보다는 직관에 더 많이 의존하기 때문입니다. 저자는 '체득'의 중요성을 언급합니다. 어떤 것이든 우리의 몸이 자연스럽게 익히고 습관화된 것들은 그것이 논리적 사고나 추상적 개념에 대한 이해라 할지라도 직관적 사고를 방해하지 않습니다. 무언가를 체득한 사람은 본인이 의식하지 못하는 사이에 자연스럽게 드러나기 때문입니다.

단순하게 설명하면 이렇습니다. 아이들의 직관력은 논리에 의존하지 않습니다. 인과관계가 입증되지 않아도 아이들은 상관없기 때문입니다. 그래서 나뭇가지를 자동차라 하고, 어느 때는 비행기라고 하는 것입니다. 논리력도 마찬가지입니다. **의식적으로 암기하거나 연결하려고 하지 않아도 문장이 이해되고 단어가 말하는 바를 체득 수준으로 몸에서 받아들이게 되면 아이들은 논리에 묶이지 않고, 더 나아가 창의적인 사고를 하는 직관을 발휘하게 됩니다.** 이를테면 문자를 알기 전까지는 눈에 보이는 사물을 가지고 창의적인 놀이를 하고 지냈다면, 문자에서 얻어지는 논리와 추상적 개념들이 체득되는 순간 그 단어들을 가지고 직관적 사고를 시도하게 됩니다. 실제로 많은 과학자, 수학자, 철학자는 그들이 정리한 개념을 가지고 직관적 사고를 하며, 결국에는 그

안에서 또 다른 차원의 가설을 세우고 새로운 이론을 발견하는 과정을 거칩니다.

어떻게 하면 아이가 눈에 보이는 사물을 보고 직관의 차원에서 멈추지 않고, 문자를 체득해 창조적 유희를 즐길 수 있을까요? 저자는 처음 문자를 접하는 아동에게 표정과 몸짓을 통해 문자와 친근함을 유도하라고 말합니다. 예를 들면 이런 겁니다. 보통 한국에서 학부모님이 맨 처음 아이에게 글자를 가르칠 때 단어 카드를 많이 사용합니다. 단어 카드에는 '사자'라고 써있고 사자 그림이 함께 그려 있습니다. 아이들은 직관적으로 그림을 보고 글자를 '사자'라고 읽습니다. 글자를 익히는 데 단어 카드가 효율적입니다. 그러나 그림 제시에서 멈추지 말고, 학부모님이 사자 소리를 내거나 알맞은 표정을 지으면 아동은 그 단어가 마치 진짜 사자처럼 움직이며 자신에게 다가오는 것처럼 느낍니다. 그러면서 그 글자는 단지 책에 적혀 있는 잉크가 아니라 살아 움직이고 무서운 사자로 받아들이게 되는 것입니다.

이런 과정을 거치면 문자가 재미없고 심심한 대상이 아니라 역동적이며 살아 있는 대상으로 인식합니다. **아이들은 가만히 있는 것보다는 움직이는 것에 관심이 많습니다. 하지만 문자는 가만히**

소리 내어 읽는 것은 단지 발음을 정확하게 하기 위해서가 아닙니다.
문자언어를 말하는 언어처럼 자연스럽게 체득하기 위한 것이며,
그런 과정을 충실히 거친 아이들이
나중에 쓰기 능력에서도 역량을 발휘합니다.

있습니다. 그렇기에 문자를 처음 가르칠 때, 부모 또는 교사는 마치 그 글자가 살아 있는 듯 소리와 동작을 첨가하여 가르치는 것이 중요합니다. 그러면 아이들은 문자가 가만히 있지 않고 살아 움직인다고 느끼면서 자연스럽게 관심을 가지게 됩니다.

앞서 말씀드린 방법은 초등학교 저학년 혹은 처음 글자를 익히기 시작한 단계에 필요하다면, 이제 어느 정도 기본 단어를 익히고 문장을 읽기 시작하는 단계에 필요한 것을 말씀드리겠습니다. 한국 공교육의 기준으로 보면 초등 2~3학년 아이들에 해당됩니다. 저자는 아이들이 뜻은 몰라도 단어를 더듬거리면서 읽는 단계에 이르렀다면, 그때는 '소리 내어 읽기'가 필요하다고 언급합니다. 여기서 소리 내는 것은 단순히 중얼거리는 수준이 아니라 또박또박 큰 소리로 읽는 것을 말합니다. 소리 내어 읽기는 읽기 능력을 최소 2배 정도 향상시킵니다. 문장을 소리 내어 읽는 행위만으로 아이는 문장어를 친숙하게 느낍니다.

아이는 구어체와 문어체가 다르다는 것을 모릅니다. 지금껏 간단한 구어체만으로도 불편함 없이 살았는데, 글자를 읽기 시작하면서부터 뭔가 잘 이해되지 않는 문장을 마주하게 됩니다. 아직 문어체가 낯설기 때문입니다. 낯섦을 가장 쉽게 해소해주는 것이 바로 음독, 즉 소리 내어 읽기입니다. 문어체인 글자를 소리 내어 읽음으로써 마치 평소 말하는 구어체처럼 몸에 체득하는 과정을 거치게 되고, 아이들은 문어체 문장을 거부감 없이 받아들입니다. 저자는 충분한 시간 동안 음독할 것을 권합니다. 그런데 국어 교육과정은 어느 정도 글자를 읽기 시작하면 바로 문장 요약, 내용 파악, 주제와 교훈 찾기, 느낀점 쓰기에 급급합니다. 그 과정에 들어가기 앞서 먼저 글자를 소리 내어 읽는 것에 친숙해지는 것이 우선입니다.

요즘 학교에서 학생들이 소리 내어 읽는 과정은 이전보다 많이 생략되고 있습니다. 소리 내어 읽는 행위 자체가 별 의미 없어 보이고, 진도 속도가 느려지기 때문입니다. 이상하게도 외국어는 소리 내어 읽는 것이 당연히 필요하다고 여기면서도 한글을 소리 내어 읽는 것에는 큰 비중을 두지 않습니다. **소리 내어 읽는 것은 단지 발음을 정확하게 하기 위해서가 아닙니다. 문자언어를 말하는 언어처럼 자연스럽게 체득하기 위한 것이며, 그런 과정을 충실히 거친 아이들이 나중에 쓰기 능력에서도 역량을 발휘합니다.** 그들은 문어체에 어느새 익숙해졌기 때문에 글 쓰기가 어렵지 않습니다. 반면에 음독을 충분히 하지 않은 아이는 나중에 글쓰기에 어려움을 맞이합니다. 언어가 아직 구어체에 한정

되어 있기 때문입니다. 구어체 형식으로 문장을 쓰다 보면, 더 이상 무엇을 어떻게 써야 할지 막막해집니다.

특히 고학년의 경우 과목별 개념 정리를 확실하게 하고 넘어가야 합니다. 사회, 과학, 수학의 경우 새로운 개념과 용어들이 등장합니다. 좋은 방법은 교과서에 나오는 특정 단어들을 예를 들어 설명해보라고 하면 좋습니다. 아이들은 그냥 감으로 알아들었다고 생각하고 넘어갑니다. 하지만 막상 예를 들어보라 하면 전혀 엉뚱하게 설명하는 경우가 많습니다. 그때 바른 예를 들어서 다시 설명하면 오개념이 바로 잡힙니다. **한번 각인된 오개념은 다른 과목까지 파급되어 문해력에 지장을 줍니다. 이 시기에 특수한 용어의 올바른 체득 과정이 없다면, 추후 학습 문해력에 문제가 생기며 교과별로 제시하는 문제 상황 자체를 이해하기 어려워집니다.**

고학년 초등학생들의 입에서 수포자(수학 포기자), 과포자(과학 포기자), 사포자(사회 포기자)라는 말이 나오는 이유는 새로운 용어에 대한 체득 과정이 부족했기 때문입니다. 반드시 교과서에 등장하는 용어들에 대해 물어보고 확인하는 시간을 거치시기 바랍니다. 하루 5분도 걸리지 않습니다.

우리 아이의 학습력은 '읽기'에서 시작합니다. 읽기가 습관이 되어야 합니다. 출발은 미취학 아동에게 스마트폰 대신 생생한 느낌을 담아 글자를 읽어주는 겁니다. 아이들에게 살아 숨 쉬는 글자들을 선물로 주시기 바랍니다.

열다섯 번째 책

『해빗』

웬디 우드 지음 | 김윤재 옮김 | 다산북스 | 2019년 12월

좋은 습관에
꾸준히 노출시켜라

보통 자녀가 무언가 끈기 있게 해내지 못할 때 이렇게 말합니다.

"의지를 갖고 끝까지 해야지."
"넌 왜 그렇게 의지가 약하니?"

하지만 이렇게 말한다고 크게 달라지는 건 없습니다. 원래 초등학생의 의지력은 매우 낮습니다. 아이들의 의지력을 점수로 말한다면 몇 점 정도 될까요? 교사로서 점수를 준다면 100점 만점에 10점 정도 주겠습니다. 너무 적게 준 거 아니냐고 생각하시겠지만, 그 반대입니다. 10점도 아주 많이 준 겁니다. 어떻게 하면 자녀의 의지력을 높일 수 있을까요? 『해빗』은 **의지력을 높이려 하지 말고, 의지력을 사용하지 않고도 할 수 있도록 '습관'을 들이라고 합니다.** 두 가지 상황을 상상해봅시다.

상황 ①
아이가 아침에 스스로 일어나 이부자리를 정리하고, 세수하고, 차려놓은 아침을 든든히 먹습니다. 어제 저녁에 미리 준비한 학교 준비물을 챙기고 가방을 메고 등교합니다. 등교하면서 친구를 만나 즐겁게 이야기를 나눕니다. 학교에서는 수업에 집중하고, 모르는 것을 질문하고, 쉬는 시간과 점심시간에는 친구들과 재미난 놀이를 합니다. 학교를 마치면 학원에 가서 한두 시간 보충수업을 듣습니다. 집으로 돌아와 깨끗이 씻고, 옷도 갈아입고, 책상에 앉아 오늘 해야 할 숙제를 합니다. 숙제가 끝나면 내일 준비물을 챙깁니다. 스마트폰 게임은 하지 않습니다. 대신 읽고 싶었던 책을 골라 침대에 편하게 누워 읽습니다. 또는 흥미가 생긴 악기를 연습하거나, 만들기 놀이를 합니다. 밤 10시쯤에 아빠가 아이 방으로 갑니다. 잠시 서로 하루 일과를 말하고, 아빠가 읽어주는 책 이야기에 빠져듭니다. 아이는 잠이 들고, 아빠는 엄마와 잠깐 이야기를 나눕니다. 가끔은 와인도 한잔 곁들이면서 하루의 노고를 풉니다.

상황 ②

아빠는 아침부터 베란다에서 담배를 피웁니다. 간밤에 먹은 맥주와 먹다 남은 치킨이 거실에서 퀴퀴한 냄새를 풍깁니다. 아이를 깨우러 방에 들어갔는데 밤새 게임을 했는지 휴대폰을 쥔 채 잠을 자고 있습니다. 몇 번 흔들지만 인상을 찌푸리며 일어날 생각을 안 합니다. 엄마도 출근 시간이 다가오는데 입고 갈 옷이 마땅치 않아 이리저리 고르다 보니 시간이 금방 흘러갑니다. 남편에게 저녁에 아이를 픽업해달라고 말하는데, 남편은 중요한 약속이 있다고 피합니다. 급하게 친정 엄마에게 전화를 걸어 비위를 맞추며 오후에 잠깐 들러서 아이 저녁을 해달라고 부탁합니다. 결국 화장도 못 하고 옷만 대충 입고 아이에게 일어나라고 소리를 지릅니다. 아이는 그제야 일어나서 엄마에게 학교 준비물이 있다고 말합니다. 왜 이제야 말하냐고 한바탕 혼을 내고 몇천 원을 쥐어 주며 문방구에서 사라고 합니다. 문방구에 없으면 어쩌냐는 말에 문자 남기면 외할머니한테 학교 안전지킴이 선생님에게 맡겨놓으라 할 테니 일단 가라고 말합니다. 급하게 차를 몰고 회사에 가면서 대충 화장을 합니다. 간밤에 먹은 치맥 때문에 얼굴이 약간 부었습니다. 오늘은 반드시 야식을 안 먹겠다고 다짐하며 서둘러 출근합니다.

두 개의 이야기 중 여러분의 일과는 어느 쪽과 비슷합니까? 매일 아침이 물 흐르듯 자연스럽게 시작되는 하루와 매일 아침 전투를 치르듯 치열하게 시작되는 하루의 차이는 사실 '작은 습관'에서 시작됩니다. 작은 습관들은 아이의 삶을 지배하고, 영향을 줍니다. 이 책은 인간의 의지력이 얼마나 약한지부터 설명합니다. 사람들은 의지력을 착각합니다. 성공한 사람은 뛰어난 의지력으로 인내하고, 참고, 견디며 결국 성공에 이른 강한 의지력의 소유자라고 생각합니다. 반대로 자신은 의지가 박약해서 성공하지 못했다고 생각하며 의지를 통해 삶의 질을 바꿔보려 노력하지만 결국 원위치로 돌아옵니다. 저자 웬디 우드는 그런 사람들에게 이렇게 말합니다.

습관은 결코 애쓰지 않는다!

이 책의 핵심은 의지력을 소모하려 하지 말고, 좋은 습관을 지니게 하는 데 있습니다. 그리고 좋은 습관은 환경의 영향을 많이 받습니다. 저자는 해야 할 것들은 하기 쉽게 배치하고, 하지 말아야 할 것들은 몇 단계를 거쳐야 하는 불편한 상황을 만들라고 말합니다. 유대인 어린이는 잠자기 전에 세숫대야에 물을 담아 머리맡에 놓습니다. 아침에 일어나서 제일 먼저 손을 씻고, 깨끗한 손으로 기도를 드리기 위해서입니다. 비록 종교적 신념을 지키기 위한 행동이지만, 행동 패턴에 습관이 자리하기 쉬운 환경을 만들고 있음을 알 수 있습니다.

좋은 습관을 정착하는 방법은 그 일을 하기 쉽게 만드는 겁니다. 자녀에게 좋은 독서 습관을 갖게 하고 싶다면, 언제든지 손만 뻗으면 쉽게 책을 볼 수 있는 환경을 만들어주세요. 방 책꽂이에만 책을 놓지 말고, 거실 소파 옆, 식탁 한 모퉁이, 현관, 화장실, 베란다 등 모든 장소에 책을 놓아야 합니다. 이런 환경을 만들면 책을 가지러 방으로 갈 필요가 없습니다. 외출할 때 현관에서 책

한 권을 가지고 나갈 수 있습니다. 화장실에서 잠깐이지만 시 한 편을 읽을 수 있습니다. 소파에 편하게 엎드려 동화책을 읽을 수 있습니다. 식사하고 간식을 먹으면서 식탁에서 바로 그림책을 펼칠 수 있습니다. 이런 환경은 아이가 어릴수록 효과가 좋습니다.

더욱 좋은 독서 환경이 되려면 거실 텔레비전을 과감히 없애는 것이 좋습니다. 언제든 리모컨으로 손쉽게 텔레비전을 켜는 환경은 아이가 독서에 재미를 붙이기 전에 텔레비전에 길들어지게 만듭니다. 만약 어린아이 손에 스마트폰을 쥐어주고 유튜브 동영상을 보여주기 시작했다면, 자녀의 독서 습관은 길들이기 어려워집니다. 언제 어디서든 손쉽게 동영상을 볼 수 있는 스마트 기기를 가지고 있는 이상 책 읽기는 불편하고, 많은 의지를 발휘해야 가까이할 수 있는 일이 되기 때문입니다.

초등학생들이 사용할 수 있는 의지력의 양은 거의 없습니다. 그러니 좋은 습관을 이용하세요. **아이들이 뭔가 완결해서 성취감을 얻는 것은 의지력 싸움이 아닌, 좋은 습관에 얼마나 많이 노출되어 있느냐에 달려 있습니다.**

열여섯 번째 책

『공부머리 독서법』
최승필 지음 | 책구루 | 2018년 5월

'문해력'이
학습 격차를 좌우한다

　　　　사회 수업 시간에 학생들에게 오늘 배울 부분을 알
려주고 5분 정도 읽을 시간을 줬습니다. 분량은 약 3쪽 정도였으
며 한쪽에 약 3~4줄 정도만 줄글이고, 대부분 관련된 그림으로
채워져 있었습니다. 3분도 채 안 돼 지민이가 자랑스럽게 "선생
님 다 읽었어요!"라고 말했습니다. 목소리에서 자랑스러움이 묻
어났습니다. 본인이 제일 빨리 읽었다는 걸 교실 친구들에게 알
렸기 때문입니다.

　"그래, 지민이 다 읽었구나. 그럼 일어나서 오늘 배울 내용이
뭔지 간단하게 요약해볼래?"
　지민이 표정이 갑자기 어두워집니다. 그리고 우물쭈물하면서
책을 다시 뒤적입니다. 그리고 한마디 합니다.
　"이걸 다요?"
　의아했지만 다시 안내해줬습니다.
　"다 합쳐도 10줄 정도밖에 안 되는 내용이야. 그냥 간단하게
뭐에 대해 말하고 있는 건지만 말해줄래?"

　끝내 지민이는 잘 모르겠다고 대답합니다. 참고로 지민이는

수능 영어 수준의 단어집을 들고 다니면서 외우는 아이입니다. 저는 지민이가 읽은 내용을 대답하지 못하고 우물쭈물하는 모습에 당황했습니다. 영어와 수학은 늘 만점이었기 때문입니다. 나중에 『공부머리 독서법』을 보고야 알게 됐습니다. 지민이는 아직 스스로 책을 읽고 소화할 능력이 안 되는 수준의 문해력을 지니고 있었습니다. 독서교육 전문가로 활동 중인 최승필 저자는 이렇게 말합니다.

이야기책 못 읽는 아이는 교과서도 이해 못한다.

책에 이런 내용이 나옵니다. 초등학교 시절 열심히 선행 학습을 해서 영어, 수학 점수가 높았던 아이들이 결국 중고등학교에 가서 전체적으로 성적이 하락하는 경우를 본다고 말이죠. 그리고 그 이유를 교과서를 스스로 읽고 해석하고 공부하는 능력이 현저하게 떨어지기 때문이라고 말합니다. 교실에서도 비슷한 현상이 일어나고 있습니다.

요즘 대부분 초등학교에서 중간, 기말 지필고사가 사라졌습니다. 대신 과정 평가 형식으로 수행평가를 봅니다. 그럼에도 대부분의 사립 초등학교는 수행평가를 하면서 동시에 이전 방식의 획

업성취도 평가(기말고사)라고 불리던 지필고사를 그대로 유지하고 있습니다. 많은 학부모님이 두 가지를 견주어 진짜 실력이 어떤지 파악하고 싶어 하기 때문입니다. 제가 근무하는 학교에서도 아이들의 수행평가와 객관식 위주의 지필고사를 놓고 종합적으로 분석할 수 있습니다. 두 개의 결과지를 놓고 학생을 평가하다 보면 서로 상충되는 모습을 볼 수 있습니다. 지민이의 사회 시험 결과를 표로 정리해서 보여드리겠습니다.

평가방식	학업성취도평가(기말고사)	수행평가
결과	95점(상위 점수)	인권의 의미를 알고는 있으나, 일상생활에서 적용되는 사례를 표현하는 데 있어 부족함을 보임.

지민이는 사회 과목 기말고사에서 95점을 받았습니다. 1개밖에 틀리지 않았습니다. 이것만 보면 수업 이해 능력이 좋다고 판단할 수 있습니다. 하지만 서술 및 논술 또는 직접 발표 형태로 이루어지는 수행평가 결과는 '노력 요함' 수준입니다. 점수로 표현하자면 70점 이하입니다. 왜 이런 차이를 보이는 걸까요?

초등 시기에는 독서력이 깊지 않아도 엄마가 붙어서 가르치거나 학원에서 문제집을 많이 풀면 위 결과처럼 객관식 점수는 높게 나올 수 있습니다. 하지만 서술식으로 평가되는 수행평가에서는 본바탕이 드러납니다. 지민이 같은 아이는 중고등학교에서 중간, 기말고사 결과가 낮아질 수밖에 없습니다. 교과서를 스스로 이해하고 정리할 능력이 없기 때문입니다.

책에서 제시한 솔루션은 간단합니다. 아이들이 흥미 있어 하는 줄 글로 된 책을 골라서 최소한 일주일에 1권 이상 읽게 합니다. 교사로서 이 방법에 동의합니다. 수학의 경우 5학년 교과서 내용을 모르면, 4학년 교과서부터 시작하면 됩니다. 4학년 과정도 모르면 3학년 과정부터 시작하면 됩니다. 하지만 **국어, 사회 등의 인문 교과는 다릅니다. 해당 학년의 내용을 모른다고 전 단계의 교과서만 놓고 공부하는 걸로는 다음 단계의 책을 읽기 어렵습니다. 만약 5학년 사회 교과서를 스스로 읽고 해석하기 어려워한다면, 그보다 약간 쉬운 수준의 책을 수십 권 정도 읽어야 다음 단계로 올라갈 수 있습니다.**

학부모님들이 사교육에 빠지는 이유는 우리 아이와 다른 아이의 학습 격차가 벌어지는 것을 염려하기 때문입니다. **진정으로 학습 격차가 염려된다면, 아이의 문해력을 살펴야 합니다.** 뛰어난 연산 능력을 지닌 아이임에도 '수포자'가 될 수 있습니다. 6학년이 되면 긴 서술식 수학 문제가 나오기 때문에 문제 자체를 이해하기 어려워할 수 있습니다. 결국 학습력의 차이는 '문해력'에서 결정됩니다. 우리 아이가 공부하는 시간은 꽤 많은데 항상 제자리걸음이고 오히려 퇴보한다고 느껴질 때, 아이의 평소 문해력이 어떤지 꼭 살펴보길 당부드립니다.

열일곱 번째 책

『강원국의 글쓰기』
강원국 지음 | 메디치미디어 | 2018년 6월

글 쓰는 아이가
살아남는다

유독 글을 잘 쓰는 아이들이 있습니다. 초등학교에서 글 잘 쓰는 아이와 그렇지 않은 아이의 차이는 매우 큽니다. 똑같은 6학년이지만 누구는 초등학교 3학년 수준이고, 누구는 중학생 수준입니다. 선행 학습으로 수학과 영어를 고등학교 수준으로 잘하는 아이들도 있습니다. 그럼에도 글짓기 능력은 못 미치는 경우가 많습니다. 글 잘 쓰는 아이들과 그렇지 않은 아이들 간에 차이는 어디에서 시작되는 걸까요? 이 질문에 대한 해답을 찾기 위해 많은 글쓰기 책들을 찾아 읽었습니다. 여러 책을 읽으면서 두 가지 질문을 염두에 두었습니다.

'글 쓰는 사람들은 어떻게 해서 잘 쓴다는 평가를 받는가?'
'그들의 이야기를 우리 아이들에게 어떻게 접목시킬 수 있을까?'

수많은 글쓰기 책 중 『강원국의 글쓰기』를 소개하는 이유는 '편안함'과 '전문성' 때문입니다. 객관적인 사실 정보는 점점 주목받지 못 하는 세상이 되고 있습니다. 정보가 객관적이냐 아니냐의 문제가 아닌, 정보가 내 마음에 드냐 들지 않느냐가 중점이 되는 세상입니다. 그런 견지에서 이 책은 주관적으로 편하게 읽을 수 있는 에세이처럼 다가옵니다. 그렇다고 가볍게 읽을 수 있는 책은 아닙니다.

책을 읽다가 문득, 지금은 고등학생이 되었을 민규가 떠올랐습니다. 평소에 민규가 국어 교과서에 쓴 글을 보고 잘 쓴다는 생각은 하지 않았습니다. 교사 입장에서 봤을 때, 문장 완성도가 높지 않았기 때문입니다. 그런데 민규가 글을 쓰면 학급 아이들이 너무 재밌어하며 돌려 읽었습니다. 심지어 다음 편이 나오면 제일 먼저 보여달라고 아우성쳤습니다. 어떤 아이는 일종의 예약제처럼 사탕이나 젤리를 주기도 했습니다. 사실 이런 예약제가 시작되면 담임으로서 여간 신경 쓰이는 것이 아닙니다. 아이들의 기억이 정확하지 않기 때문에 예약 순서로 싸우기 마련입니다. 결국은 민규가 쓴 글로 인해 다툼이 일었고, 제게 중재 요청이 들어왔습니다. 가위바위보로 문제를 간단히 해결하고, 다툼이 일었다는 핑계로 글들을 잠시 압수했습니다. 사실 저도 궁금했습니다. 얼마나 재밌길래 화젯거리가 된 건지 확인하고 싶었습니다. 다 읽고 나서 민규를 불러 물었습니다.

"재밌다! 다음 편은 언제 나오니?"

우리 아이가 글 잘 쓰는 아이로 성장하길 바란다면,
아이 고유의 욕망을 읽어야 합니다.
그래야 아이가 자기만의 색깔을 가질 수 있습니다.

스토리의 구조는 단순했습니다. 어느 조폭 아저씨와 친하게 지내는 꼬마 아이 이야기입니다. 조폭 아저씨가 등장한다고 해서 폭력적이거나 남의 것을 빼앗는 그런 내용은 아니었습니다. 꼬마 아이의 작은 소원들을 이뤄주는 일종의 마법 램프 요정 지니 같은 존재였습니다. 물론 민규의 문장 하나하나는 국어 시간에 확인한 대로 그리 완성도가 높지 않았습니다. 매우 단순한 구조의 짧은 단문이었고, 중간중간 말이 안 되는 부분도 있었습니다. 하지만 의미는 충분히 잘 전달됐습니다. 민규의 글을 보고 생각이 바뀌었습니다.

'좋은 문장보다 좋은 스토리가 우선이구나.'

먼저, 자신을 위해 쓰는 것이다. 이기적인 글쓰기를 해야 한다. 내가 재밌고, 나에게 유용하고, 스스로 감동해야 남에게 줄 게 생긴다. 독자를 위해서만 쓰는 글은 쉬 지친다.

자신을 위해 쓰라는 말은 심리적으로 자기 자신의 욕망에 솔직해지라는 뜻입니다. 스토리 속에는 수많은 인물이 등장합니다. 다양한 개성을 가진 캐릭터들이 지속해서 살아 있을 수 있는 이유는 작가의 주체적 자아가 살아 있기 때문입니다. 민규의 글을 읽고 재밌다고 느낀 점은 바로 민규 자체였습니다. 문장 완성도는 높지 않지만, 민규만의 고유한 말투가 그대로 글에 녹아 개성 있고 솔직함이 살았습니다. 어떤 글이든 정말 좋은 글은 '고유한 목소리'가 들어 있어야 합니다. 이 목소리를 심리학에서는 '자기욕망'이라고 표현하고, 물리학에서는 어떤 사물이 가지고 있는 고유한 성질 '물성'이라고 합니다. 글 쓰는 이에게는 글을 쓰는 이의 고유한 심정이 드러난 '심상'이라고 할 수 있습니다. **우리 아이가 글 잘 쓰는 아이로 성장하길 바란다면, 아이의 고유 욕망을 읽어야 합니다. 그래야 아이가 자기만의 색깔을 가질 수 있습니다.**

이제 글을 쓰지 않으면 고립되는 시대입니다. 작은 스마트폰 속에서 수많은 글이 오고 갑니다. 글 쓰는 능력이 곧 관계가 됩니다. 관계 속에서 우리 아이들이 고유한 자신의 영역을 누릴 수 있는 힘을 가지길 바랍니다. 글쓰기는 또 다른 나의 아바타입니다.

열여덟 번째 책

『물욕 없는 세계』
스가쓰케 마사노부 지음 | 현선 옮김 | 항해 | 2017년 7월

아이들은 이미
욕구의 한계를 알고 있다

삶의 스타일이 변하고 있습니다. 쌓아두기보다 비우기를 실천하는 이들이 유튜브에 등장합니다. 복잡함보다 단순함을 추구합니다. 갓 구운 빵 한 조각을 음미하는 시간을 즐깁니다. 형태가 변한다는 건, 가치관 혹은 의식의 변화가 선행되었다는 겁니다. 그러한 가치관과 의식이 어떻게 변화했는지를 보여주는 책이 『물욕 없는 세계』입니다. 책 표지 뒷면에는 마치 심리 검사처럼 체크리스트가 있습니다. 여러분은 아래 체크리스트 중 몇 가지가 해당되나요?

☐ 정갈하게 살고 싶다.
☐ 생각과 물건의 공유를 즐긴다.
☐ 값비싼 것보다 값진 것을 원한다.
☐ 소소한 일상에서 행복을 발견한다.

네 항목 중 어느 한 곳에라도 공감한다면, 당신은 여가를 갖고 일정을 균형 있게 관리하며, 느린 속도로 살면서 가족과 더 많은 시간을 보내고, 의미 있는 일을 하면서 자신의 가치관대로 살기를 원할 것이다.

초등 아이들은 갖고 싶은 것이 많습니다. 함께 마트를 가면 늘 무언가를 사달라고 말합니다. 장난감 앞에서 하염없이 자신의 물욕을 드러냅니다.

"저거 사줘!"
"집에 가면 비슷한 장난감 있잖아."
"아냐, 다르단 말이야. 저거 사줘!"

마트에서 떼쓰며 버티는 아이들을 보면 여간 밉상이 아닙니다. 자녀를 키우는 집에 가면 방 한 칸에 장난감이 가득 쌓여 있습니다. 방 한 칸이면 다행일 수도 있습니다. 장난감이 방, 마루, 주방, 집안 곳곳에 흩어져 있는 집도 많습니다. 대부분 버리자니 아깝고 놔두자니 자리를 차지하고 있는 것들입니다. 아이들은 항상 무언가를 더 갖고 싶어 하는 존재로 보입니다. 하지만 그건 아이들의 욕구가 아닙니다. 뭔가를 계속 채워줘야 한다는 부모 욕구의 잔재입니다. **아이들은 같이 놀 대상이 필요했고, 부모는 대상이 되어주기보다는 물건을 줬습니다. 그러면서 아이들은 물건을 받는 방식에 점차 익숙해졌을 뿐입니다.**

코로나19가 한창 퍼지던 즈음 우여곡절 끝에 온라인 수업을 시작했습니다. 우리 반 학생들에게 글쓰기 과제를 제시했습니다. 주제는 '나에게 100만 원이 생긴다면?'이었습니다. 과제를 주면서 생각했습니다.

'대부분 마트나 문방구에 가서 장난감이나 원하는 것들을 마음껏 산다고 하겠지. 고학년이니까 스마트폰을 바꾼다고 할 수도 있겠네. 어떤 욕구들을 펼칠지 상상의 나래를 볼 수 있겠구나.'

그러나 예상은 보기 좋게 빗나갔습니다. 자신이 갖고 싶은 물건을 사겠다고 하는 아이들도 있었지만 대부분 약 10만 원 안에서 해결했습니다. 많은 아이들이 남은 90만 원으로 마스크를 사서 당시 코로나로 어려움을 겪고 있던 대구에 보내주겠다고 적었습니다. 어떤 아이들은 100만 원 전부를 코로나19 때문에 어려움을 겪고 있는 사람들에게 주고 싶다고 했습니다. 5학년 아이들이 어떻게 그런 생각을 할 수 있었을까요? 아이들은 자신이 갖고 싶어 하는 것의 한계를 명확히 알았습니다. 그리고 남은 것은 타인에게 줬습니다.

한창 나라가 발전할 때는 물질을 원했으나, 물질을 소유할 뿐 아니라 어떻게 그것을 즐길 것인지 하는 질 좋은 생활을 향한 욕구가 생겼다.

이제 욕구는 채우는 것에서 누리는 것으로 변화하고 있습니다. 누린다는 것은 목적에 합당하게 사용한다는 의미와 연결되어 있습니다. 아리스토텔레스는 '목적론적 삶'에 의미를 부여했습니다. 예들 들면 정말 아름다운 소리를 내는 바이올린이 있습니다. 부유한 사람이 바이올린 주인에게 100억을 줄 테니 바이올린을 팔라고 합니다. 부자는 바이올린을 거실에 장식용으로 걸어둘 생각이었습니다. 자신이 세상에서 가장 아름다운 소리를 내는 바이올린의 소유자라는 것을 손님들에게 보여주고 싶기 때문입니다. 한편 바이올린 주인에게 가난한 바이올린 연주가가 찾아옵니다. 그 바이올린을 자신에게 주면, 아름다운 연주를 마음껏 할 수 있다고 말합니다. 물론 그 바이올린을 살 돈은 없습니다. 아리스토텔레스가 말하는 목적론적 삶에 따르면 바이올린은 본연의 목적인 연주를 위한 악기답게 사용되어야 하기 때문에 가난한 바이올린 연주자에게 줘야 합니다. 실제로 그런 일들이 이뤄지고 있습니다. 고가의 악기를 뛰어난 음악가나 유망한 연주가에게 무료로 대여해주는 그룹 혹은 독지가들이 있습니다. 악기의 목적에 맞게 사용하는 것 자체만으로 의미를 추구하는 것이죠.

아이들은 100만 원 중에서 10만 원만 채우고 나머지는 남겨놓습니다. 그리고 기회가 되면 좋은 일에 사용하려 합니다. **초등학생이라도 자신의 욕구를 조절할 수 있습니다. 그리고 조절을 통해 욕구의 한계를 정하고 남은 욕구를 의미 있는 것에 추구할 줄압니다. 학부모님의 역할은 방법을 조금만 더 구체화해주는 걸로 충분합니다.** 일정 기간이 되면 물건을 정리하고, 나누고, 본연의 목적에 맞는 일을 할 수 있도록 시선을 열어두는 자세를 보이면 됩니다. 아이들은 행위 자체를 다 이해할 수 있습니다.

필수 Q&A ③

초등 독서 습관
길들이는 방법

Q. 독서의 중요성은 익히 들어 알고 있습니다만, 초등학생들에게 독
서 습관 꼭 필요한가요?

A. 초등 독서 습관 정말 중요합니다. 독서 습관이 아이의 인생을 좌
우한다고 말할 수 있습니다. 부모의 소득과 학력이 높을수록 자
녀의 대학 진학률이 높은 것은 이미 오래전 연구 결과입니다. 그
런데 한국직업능력개발원의 10년간 추적조사에 따르면, 부모의
소득 및 학력보다 대학 진학률에 더 큰 영향을 주는 것이 바로 독
서량이라는 결과가 나왔습니다. 문학 서적과 교양서적을 읽은
학생들이 실제로 수능시험 결과에서 월등한 차이를 보였습니다.

Q. 특히 초등 시기에 독서 습관이 중요한 이유가 있나요?

A. 크게 두 가지 이유가 있습니다. 첫째는 '어휘 습득'입니다. 누군가 아무리 뛰어난 이성적 판단을 한다 해도 그가 지닌 어휘 수준을 벗어나지 못합니다. 이성이라는 것 자체가 언어에 묶여 있기 때문입니다. 초등 시기는 어휘력이 기하급수적으로 팽창하는 마지막 시기입니다. 엄밀히 따지면 초등 이전에 폭발적으로 어휘를 습득하여 초등까지 이어집니다.

둘째는 인성교육입니다. 보통 인성교육에 가장 좋은 것으로 봉사활동을 꼽습니다. 그런데 교육기관의 연구에 따르면 초등 아이들의 인성에 가장 영향을 끼치는 활동은 봉사활동보다 독서라는 결과가 나왔습니다. 독서는 비록 간접 체험에 머물지만, 초등 아이들의 직관력은 직접 체험한 것과 비슷한 효과를 느낍니다. 자녀의 인성교육을 어찌할지 고민되시는 분이 있다면, 훈계보다는 근처 도서관에 데리고 가서 책을 읽게 하는 것이 훨씬 더 빠릅니다.

Q. 초등 시기에 어떻게 해야 독서 습관이 자리 잡을까요?

A. 냉정하게 말씀드리면 독서 습관은 초등 이전에 거의 결정됩니다. 아직 글자를 모르더라도 앞으로 책에 대해 상당한 호기심 및 긍정적 관심을 갖게 되는 시기가 초등 이전이기 때문입니다. 독서 습관과 직접적인 연관은 부모가 책을 읽어주는 습관에 달려 있습니다. 영유아기 뇌는 글자를 읽기엔 무척 둔합니다. 글자는

하나의 약속입니다. 영유아기 아이들이 모든 음가를 기억하고 매 순간 조합하기는 무척 어렵습니다. 하지만 듣는 것은 소리를 통해 구분하고 의미를 직감합니다. 영유아 시기에 부모가 얼마나 자주, 그리고 실감나게 책을 읽어주느냐는 앞으로 자녀 독서량의 지표가 됩니다. 부모의 책 읽어주기를 통해 비록 읽고 쓰지는 못 해도 상당한 어휘를 습득합니다. 그러한 어휘는 초등 시기에 혼자 책을 읽는 것에 대한 두려움을 없애줍니다.

Q. 자녀가 이미 초등학교에 입학한 후에는 독서 습관을 들이기 어려울까요?

A. 불가능한 것은 아닙니다. 하지만 확실한 것은 한 학년이 올라갈수록 독서 습관 길들이기는 거의 곱절로 어려워진다고 해도 과언이 아닙니다. 독서보다 더 쉽고 재밌는 것이 눈에 많이 보이거든요. 뇌는 한번 움직이려면 엄청 많은 에너지가 필요합니다. 우리가 먹는 음식의 20퍼센트는 뇌에서 쓰고 있습니다. 뇌는 글자 읽는 것을 무척 싫어합니다. 모르는 단어를 해독하며 읽을 때는 쉬운 길로 가자고 유혹합니다. 텔레비전이나 인터넷 영상을 보자고 잡아끌죠. 학년이 올라갈수록 이런 현상은 더 심해집니다.

Q. 아직 독서 습관이 잡히지 않은 초등 자녀는 어떻게 하면 될까요?

A. 우선 우리가 잘못 알고 있는 독서교육 방법부터 몇 가지 짚어드리겠습니다. 첫 번째 잘못된 독서교육은 바로 독후감 쓰기입니다. 앞서 말씀드린 대로 인간의 뇌는 게으릅니다. 글자를 읽기도 귀찮은데, 읽는 것도 모자라서 읽은 것을 다시 글로 쓰라고 한다면 정말 싫겠죠. 초등 아이들도 마찬가지입니다. 책을 읽고 무언가를 써야 하는 상황에 자주 노출되면 자연스럽게 읽는 것 자체를 부담스러워합니다. 학부모 입장에서는 읽기뿐만 아니라 쓰기 능력도 중요하기에 읽은 내용과 느낀 점을 적으라고 합니다. 초등 시기에는 읽는 데만 집중해도 모자랍니다. 읽고 해독하는 것이 어느 정도 익숙해진 후에 유창하게 읽는 단계로 들어가야 합니다. 쓰는 단계는 유창하게 읽는 단계에 이르러서 시작해도 늦지 않습니다. 그 정도가 돼야 전체적인 흐름을 정리할 능력이 생깁니다. 그래도 뭔가를 쓰게 해야겠다면, 읽은 책의 제목 정도만 기록하게 하는 것이 좋습니다. 그 이상은 욕심입니다. 글쓰기는 따로 가르치는 겁니다.

잘못 알고 있는 독서교육 방법 두 번째는 책을 처음부터 끝까지 통독해야 한다는 강박입니다. 초등학생을 위한 책은 대부분 여러 이야기를 묶어서 한 권의 책으로 나옵니다. 예를 들면 전래동화집, 이솝우화집, 탈무드 같은 것들이 있죠. 이런 단편집 같은 경우에는 목차를 보고 흥미 있는 이야기부터 읽어도 됩니다. 한 권을 다 읽지 않더라도 몇 개의 이야기만 읽고 다른 책을 골라도 됩니다. 중요한 것은 짧더라도 읽는 것이죠. 하지만 학부모님들은 처음부터 끝까지 다 읽어야 책 한 권을 읽은 거라고 말합니다. 초등 아이들은 역동적인 것을 좋아합니다. 일단 목차를 뒤적여보고 흥미가 생기는 것부터 읽으면 됩니다. 목차가 없는 짧은 그림책의 경우 넘겨보다가 재밌는 그림이 있는 부분부터 읽어도 됩니다. 신기하게도 아이들은 부분만 읽고 앞뒤의 스토리를 스스로 유추하고 만들어 낼 수 있습니다. 그 순간 책에 재미를 느낍니다.

Q. 그럼 잘못된 독서교육을 벗어나서 직접적으로 초등 자녀에게 도움이 될 만한 것들을 알려주세요.

A. 초등 저학년의 경우, 묵독하기보다 소리 내어 읽는 낭독이 좋습니다. 쉽게 표현해서 좀 시끄럽게 책을 읽게 하는 것이죠. 읽다가 흥이 나면 잠시 동작으로 표현해도 됩니다. 집에서 책을 읽으면서도 마치 독서실처럼 조용히 앉아서 읽으라고 하는 것은 바람직하지 않습니다. 아이들은 문자언어를 소리언어로 바꿔야 더 자연스럽게 이해할 수 있습니다. 소리 내어 읽는 과정 없이 바로 묵독을 하면 쉽게 이해가 되지 않기 때문에 당연히 책을 어려워하게 됩니다.

독서 습관이 안 잡혀 있는 초등 고학년의 경우, 두꺼운 책을 주고 억지로 읽게 하지 마시고, 엄마 혹은 아빠가 책을 읽어주는 단계부터 시작해야 합니다. 잠자리에 들기 전 혹은 저녁 먹고 일정 시간을 정해서 읽어주세요. 그 단계가 지나면 앞서 말씀드린 대로 스스로 낭독을 하게 합니다. 낭독을 시켜보면 아마 놀랄 겁니다. 독서량이 부족한 아이들은 고학년이어도 읽는 속도가 느립니다. 그런 모습을 보고 있으면 답답하겠지만, 무조건 낭독 단계를 거쳐야 합니다. 독서 습관은 단어와 문장을 뇌에서 얼마나 빨리 이해하느냐에 달려 있습니다.

Q. 마지막으로 자녀의 독서 습관을 걱정하는 학부모들에게 당부하고 싶은 말씀이 있나요?

A. 대한민국 성인의 문해력은 OECD 기준 2등급이라고 합니다. 여기서 말하는 2등급은 토론이 안 되는 수준을 말합니다. 대한민국은 상당히 높은 경제 수준을 이룬 국가지만 왜 이런 결과가 나왔을까요? 어른들 또한 책을 거의 읽지 않기 때문이죠. 자녀의 독서 습관이 자리 잡히지 않은 결정적 이유, 멀리 있지 않습니다. 학부모님 먼저 책을 읽으시기 바랍니다. 어딜 가든 반드시 책을 챙겨가는 모습을 아이에게 보이시기 바랍니다.

4장
미래교육

: 주식, 금융 지식, 생각도구,
전략적 직관, 데이터 축적, 상상력

열아홉 번째 책

『엄마, 주식 사주세요』
존 리 지음 | 한국경제신문 | 2020년 5월

용돈기입장 말고
주식을 사줘라

자식을 부자로 만드는 엄마가 되기 위해서는 사교육을 당장 끊고 그 돈으로 주식을 사주거나 펀드에 가입해주는 것이 백배 낫다.

이 책을 읽고 '자본'이라는 개념을 학생들에게 각인시킬 필요가 있음을 깨달았습니다. 보통 우리는 자본을 '돈'이라고 부릅니다. 하지만 저자는 자본을 이렇게 설명합니다.

돈이 스스로 불어나게 하는 시스템에 놓여 있을 때, 그것을 '자본'이라 할 수 있다.

많은 사람들이 은행에 일정 금액을 예금하고 살아가지만, 지금은 마이너스 금리 시대입니다. 저자는 예금은 스스로 불어나지 않기 때문에 상승하는 물가도 못 따라잡는 그저 멈춰버린 돈이라고 표현합니다. 그렇기 때문에 사교육에 돈 쓰지 말고 전망 있는 회사의 주식을 사서 간접적으로 사업에 참여하라고 합니다. 그리고 장기적으로 자녀가 성장하는 기간 동안 5년, 10년, 15년을 꾸준히 투자하라고 권고합니다. 그렇게 투자된 돈은 '자본'

이 되어 멈추지 않고 스스로 불어납니다.

교육자로서 현재 대한민국 초등학교에서 이루어지는 경제교육의 수준이 얼마나 미약한지 알고 있습니다. 현재 이루어지고 있는 경제교육은 기성세대가 받은 교육과 큰 차이가 없습니다. 기성세대가 학교에서 받은 경제교육은 '아끼고 남은 금액을 저축하라'는 것이었습니다. 요즘 경제교육에 추가된 사항은 저축뿐 아니라 어떻게 현명하게 소비할 것인가를 배운다는 것입니다. 하지만 직접 사업을 구상한다거나 혹은 자신이 보유한 경제적 자금을 투자를 통해 어떻게 '자산가치'를 높여야 하는지에 대해서는 배우지 않습니다. 그저 열심히 공부해야 나중에 좋은 직장에 들어갈 수 있다는 정도의 경제관만 배웁니다. 틀린 말은 아닙니다. 실제 통계상으로도 대학을 졸업한 사람이 받는 연봉과 대학을 졸업하지 못한 사람들의 연봉에는 차이가 있다는 연구 결과도 있습니다. 그런데 간과한 것이 있습니다. 회사원으로서의 연봉에는 학벌이 영향력을 끼칠 수도 있지만, 실제 사업을 운영하는 이들에게 학벌이 사업의 성공과 정비례한 역할을 하지 않는다는 것입니다.

안정적 직업군에 속하느냐, 아니면 사업을 하냐의 분명한 차이는 이것입니다. 자신의 사업을 하는 사람은 일반 회사원보다 부자가 될 기회를 더 가지고 있다는 것입니다. 반대로 사업은 경제적 손실이 클 수 있다고 반문할 수 있습니다. 그렇기에 경제교육이 반드시 선행되어야 합니다. **경제교육은 단순히 용돈기입장 적는 수준에 멈춰서는 안 됩니다. 또한 돈을 아껴서 저축하고, 어떻게 하면 더 싸게 물건을 구입할 수 있는지를 가르치는 수준에 머물러서는 안 됩니다.** 대부분의 교육자 혹은 학부모는 자녀에게 직접 사업을 구상하는 것을 가르치기보다 안정적인 회사에 들어가라고 가르칩니다. 또한 투자를 가르치기보다 원금을 보장하는 저축 예금에 목숨을 걸도록 가르치고 있습니다. 그러한 가르침은 현재의 자본 시스템에서 부유함을 누리고 있는 부자들에게 더 많은 부를 안겨주는 성실한 일꾼 정도로만 성장시키기에 적당한 교육입니다. 안정적이라는 이유로 말이죠.

저희 반 학생들을 확인한 결과 용돈기입장을 만들었으나, 성실하게 적는 학생은 5명이 채 안 됩니다. 또한 자기 이름의 통장을 가지고는 있으나, 엄마가 관리하고 있어 얼마가 예금되어 있는지도 모른다고 합니다. 아이들은 자본, 사업, 투자라는 개념을 모를 정도로 학교와 가정에서 기초적인 경제교육이 실천되지 않는 상황입니다. 초등학교 3학년이 되기까지 10년이라는 시간이

흘렀습니다. 주변 친지로부터 아이가 받은 용돈, 사교육에 지출된 비용을 다 합치면 얼마일까요? 가정마다 차이가 있겠지만, 결코 적은 금액이 아닐 것입니다. 아이를 사이에 두고 이렇게 많은 돈의 흐름이 있을 때, 우리는 그 기회를 경제교육을 할 수 있는 상황으로 만들어야 합니다. 저자 존 리는 **자녀 통장에 묵혀두고 있는 예금으로 자녀와 함께 회사를 고르고 주식을 조금씩 사서 모으라고 말합니다. 자신이 직접 사업을 하는 것이 아니라도, 어느 회사의 주주가 되어 자녀에게 회사에 투자한 사람으로서의 마인드를 갖게 하는 것입니다. 그러한 과정에서 아이와 자연스럽게 다양한 회사, 자본, 새로운 사업 구상 이야기로 이어질 수 있습니다.**

　교육자로서 모든 아이들이 자신만의 사업을 해야 한다고 생각하지는 않습니다. 하지만 적어도 자신만의 사업을 구상해보고 꿈꿀 수 있도록 교육해야 합니다. 그리고 어떤 직업을 선택하든, 자신이 활용할 수 있는 돈을 적절하게 투자하는 능력을 갖추도록 해야 합니다. 저자 존 리는 자녀와 함께 장기적 관점에서 주식을 사모아 초등학생도 구체적으로 자금을 투자하는 방법을 알려줍니다. 우리 아이들이 받는 용돈으로도 충분히 시작할 수 있는 것이죠. 누군가는 부자가 돼야 꼭 행복한 것은 아니라고 말할 것입니다. 맞는 말입니다만, 저는 이렇게 답하고 싶습니다. 부자가 돼야 행복한 것이 아니라고 해서 아이들에게 부자가 되는 꿈을 못 꾸게 하는 기존 교육을 고집할 필요는 없다고 말이죠.

자녀에게 부자를 꿈꿀 수 있는 경제교육을 해주시기 바랍니다. 그러한 경제교육은 용돈기입장을 적는 데 집중하는 것이 아닙니다. 아이들의 저금통에서 곰팡이 나듯 멈춰 있는 동전들을 꺼내서 이번 방학 때 투자할 건실한 회사의 주식을 사는 것을 함께 고민하시기 바랍니다. 우리의 아이들이 '자본주의'라고 하는 현 시스템에 적응해 나가는 데 두려움을 갖지 않기 위한 아주 좋은 현실적 트레이닝이 될 것입니다.

제가 가르치는 아이들이 부자가 되기를 희망합니다. 더 나아가 선한 부자가 되기를 바랍니다. 그러기 위해서라도 일단 어떻게 부자가 되는지 방법을 알려줘야 합니다. 대한민국의 모든 초등학생이 경제적 주체가 되는 실질적인 교육을 받기를 희망해봅니다.

스무 번째 책

『2030 대담한 도전』
최윤식 | 지식노마드 | 2016년 1월

교육보다
무기가 필요하다

'미래학자'라는 말을 들어보셨나요? 저는 『앨빈 토플러 부의 미래』(청림출판, 2006)를 읽고 알게 되었습니다. 맨 처음 미래학자라는 단어를 들었을 땐 '학자가 점쟁이도 아니고…'라고 부정적으로 생각했지만, 책을 읽으면서 왜 학자라고 불리는지 알게 됐습니다. 하지만 좀 더 한국과 관련된, 한국을 중심으로 한 미래 이야기를 읽고 싶었습니다. 그러다 찾은 책이 미래학자 최윤식의 『2030 대담한 도전』입니다.

교육 저서를 집필하면서 교실 현장과 접목할 때 직접적으로 도움을 받는 분야는 크게 두 종류입니다. 하나는 정신분석 도서이고, 다른 하나는 경제 도서입니다. 정신분석 도서는 인간 개인의 내적 성찰과 타인과의 관계를 배울 수 있습니다. 경제 도서는 현재 및 우리 아이가 살아갈 미래의 사회 시스템과 제도를 알게됩니다. 두 가지를 교차하면서 공부하다 보면, 지금 우리 아이들에게 필요한 것이 어떤 교육인지 조금씩 감을 잡을 수 있습니다. 그렇다면 우리 아이들의 미래를 위해 지금 꼭 필요한 교육은무엇일까요? 『2030 대담한 도전』은 목차만 4쪽에 달합니다. 목차 중 아시아와 관련해 가장 많이 등장하는 단어는 '금융'입니다.

무려 10회 정도 나옵니다. 더불어 금융 관련 단어들(핫머니, 헤지펀드, 기준금리, 신용등급, 코스피, 환율, 달러 순환 등)이 다수 등장합니다. 목차만 봐도 아이들에게 반드시 금융교육을 해야 한다는 확신이 생깁니다.

아이들의 꿈과 직업과 가치관은 각자 다 다르지만, 공통적으로 '금융 지식'은 알고 있어야 합니다. 2030년은 먼 미래가 아닙니다. 지금 10살인 초등 3학년 아이가 20살 청년이 된 미래입니다. 그때가 되면 그들에게 좋은 무기가 있어야 하는데, **대부분 대입 입시를 치르느라 지친 상태에서 또 다른 취업의 관문을 향해 정신없이 달려갈 것입니다. 그들에게 필요한 건 각자 상황에 맞게 자산을 어떻게 운영하고 투자할 것인가에 대한 지식입니다.**

이 책을 집필하는 중에도 학생들과 줌(ZOOM: 쌍방향 영상 회의 프로그램)으로 수업을 하고 있습니다. 사회 수업 시간에 '납세의 의무'에 대해 배우고 있었습니다. 기본적으로 누구든 소득이 있으면 그 소득에 대해 세금을 내야 한다는 것을 가르치고 있을 때 한 학생이 질문했습니다.

"선생님 제가 세뱃돈으로 받은 소득은 아빠가 다 가져가서 아

돈의 흐름과 관련된 지식은 먼 곳에 있지 않습니다.
아이들의 일상에 스며들어 있습니다. 우리는 아이들에게
교육보다 어떤 좋은 무기를 주어야 할지 고민해야 합니다.

빠 통장에 넣어놓았는데, 그것도 세금을 내야 하나요?"

"원칙적으로 이야기하자면 세금을 세 번 내야 할 것 같구나. 네가 세뱃돈을 받은 순간 수익이 생겼으니 세금을 내야 하고, 아빠가 너의 돈을 가져가서 아빠 이름의 통장에 넣는 순간 아빠에게 수입이 생겼으니 아빠도 세금을 내야 하고, 나중에 아빠가 세뱃돈을 네게 돌려주면 너는 또 수입이 생기니 세금을 내야 하고…."

"원래 제 것이었던 돈을 다시 받는데도 세금을 내요?"

"세뱃돈을 아빠에게 빌려줬다는 증거가 남아 있니? 예를 들어 차용증 같은 게 없으면 세무서에서는 아빠가 너에게 통장에 있는 돈을 상속했다고 판단하기 때문에 한 50퍼센트 정도는 세금으로 내라 할걸?"

"네? 절반이나요?"

돈의 흐름과 관련된 지식은 먼 곳에 있지 않습니다. 아이들의 일상에 스며들어 있습니다. 우리는 아이들에게 교육보다 어떤 좋은 무기를 주어야 할지 고민해야 합니다. 10년 후 아이에게 필요한 무기를 찾아야 합니다. 무기라고 하니 각박하고 무섭다고 느껴지시나요? 4쪽에 달하는 목차에서 가장 많이 나오는 단어가 '전쟁' 또는 '위기'입니다. 그와 관련된 단어로 공격, 파산, 폭탄, 전략, 파괴, 기습, 승리, 승부수, 혁명, 폭풍, 화약고, 조작, 위험이 등장합니다. 이런 2030 시대에 청동기 갑옷만 입고 세상으로 나오는 아이는 없어야 합니다.

빠른 변화의 시대에는 오히려 멀리 봐야 살아남을 수 있다.

이제는 '일찍 일어나는 새'가 아닌 '멀리 보는 새'를 교육하는 시대입니다. 부모가 하루 앞만 생각하면 아이는 그 경계선에만 머물게 됩니다.

스물한 번째 책

『생각의 탄생』
로버트 루트번스타인, 미셸 루트번스타인 지음 | 박종성 옮김
에코의서재 | 2007년 5월

'생각도구'는
진로와 연관되어 있다

20세기가 전문가의 시대였다면 21세기는 통합의 시대다.

이어령 전 문화부장관이 『생각의 탄생』의 추천사에 적은 말입니다. 통합은 어떤 과정을 통해서 이루어질까요? 통합을 이루기 위해서는 세 가지 단어가 필요합니다. 바로 '직관, 영감, 통찰'입니다. 『생각의 탄생』은 역사적으로 위대한 업적을 이룬 사람들이 어떻게 직관, 영감, 통찰을 사용했는지 실질적인 사례를 들려줍니다. 놀랍게도 인물들의 사례와 아이들의 다양한 모습은 서로 매칭되기 때문에 우리 아이와 연결점을 찾을 가능성이 높습니다.

유전학 분야에서 노벨상을 수상한 생물학자 바버라 매클린턱의 이야기가 나옵니다. 그녀는 언덕 위 연구실로 이동하면서 혼자 골똘히 생각합니다. 그러다 어떤 깨달음이 번뜩 스치고 지나갑니다.

"유레카, 답을 알아냈어! 왜 불임 꽃가루가 30퍼센트밖에 안 되는지 알아냈다구!"

흥분하는 그녀에게 동료들은 시큰둥하게 대구했다.
"그럼 증명해봐."

순간 그녀는 그것을 어떻게 설명해야 할지, 어떻게 증명해야 할지 몰랐습니다. 수십 년 후 그녀는 이렇게 회고했습니다.

문제를 풀다가 답이라고 할 만한 어떤 것이 갑자기 떠올랐다면, 그것은 말로 설명하기 전에 이미 무의식 속에서 해답을 구한 경우다. 나에겐 그런 일이 자주 일어났는데 그때마다 나는 그것이 정답이라는 것을 이미 알았다.

이런 사례는 아이들에게도 자주 일어납니다. 수업 중 학생들에게 흥미를 유발하기 위해 그들이 전혀 배우지 않은 것들에 대해 질문을 던질 때가 있습니다. 그런데 놀랍게도 표현만 서툴 뿐 정답을 말하는 아이들이 있습니다. 아이들에게 묻습니다.

"그걸 어떻게 알았니? 왜 그렇게 생각했는지 말해줄래?"
그러면 이런 대답이 돌아옵니다.
"설명은 못 하겠어요. 그냥 갑자기 떠올랐어요."
"이유는 모르겠어요. 그냥 그런 것 같아요."

이런 아이들은 다른 학생에 비해 직관력이 뛰어난 아이들입니다. 직관적 사고를 생각도구로 활용하는 경우가 많은 것입니다. 이런 아이의 장점은 순간적인 통찰을 통해 해결 방법을 알아냅니다. 단점은 그 과정을 논리적으로 풀어내기 어려워합니다. 그런 단점으로 인해 논리력이 부족하고 학습능력이 떨어진다고 오해받을 수도 있습니다. 그러나 아이들은 각자 '생각도구'가 다릅니다. 정확히 말하면 모두 생각도구를 가지고 있지만, 주로 사용하는 생각도구가 다르다는 뜻입니다. 영철이는 관찰을 통해, 민지는 형상화를 통해, 수아는 추상화을 통해, 민석이는 패턴 인식을 통해, 선우는 유추를 통해 생각하는 것처럼 아이마다 주로 사용하는 도구는 다 다릅니다. 우리 아이가 어떤 생각도구를 주로 사용하는지, 잘 사용하지 않는 생각도구는 무엇인지를 알면 그에 따른 교육 방향이 보입니다. 대부분 학부모님은 자녀가 자신과 똑같은 생각도구를 가지고 관찰하고 사건을 해석한다고 착각해서 생각하는 방식 또한 강제적으로 이끌려고 합니다. 그 순간부터 부모와 아이는 서로를 이렇게 생각합니다

"요즘 애들은 말을 안 들어."
"엄마 아빠는 옛날 사고방식을 갖고 있어."

수업 중에 하나의 현상을 설명할 때 가급적이면 다양한 생각
도구를 사용합니다. 일반적으로 보면 똑같은 말을 왜 여러 번 설
명할까 의아할 수도 있습니다. 하지만 의도적입니다. 한 번은 감
성적으로, 다른 한 번은 논리적으로, 다른 한 번은 시각적으로 상
황에 따라 똑같은 현상을 여러 번 설명합니다. 그래야 아이들이
충분히 이해할 수 있습니다. 자신이 주로 사용하는 생각도구와
비슷한 방식의 설명을 들었을 때 이해가 잘 되기 때문입니다. 감
정이입을 생각도구로 사용하는 아이에게 아무리 논리적인 설명
을 몇 번씩 해줘도 잘 받아들이지 못하는 경우가 있습니다. 오히
려 그런 아이에게는 눈을 마주하면서 당위적 설명이나 논리적 이
유가 아닌 '네가 이걸 해주면 좋겠다'라는 감정을 전달하는 것만
으로도 충분합니다.

**우리 아이가 주로 사용하는 생각도구를 찾는 것은 자녀의 진
로와 밀접하게 연관되어 있습니다. 자신의 생각도구를 자주 활
용하는 분야의 일을 하고 있을 때, 능력은 배가 됩니다.** 위대한
업적을 이룬 사람들은 생각도구를 마음껏 꺼내 쓸 수 있는 환경
에서 각자가 지닌 생각도구를 최대치로 극대화한 사례입니다.
자녀가 무언가 제 몫을 다하면서 충만하게 살아가길 바란다면,
어떤 생각도구를 꺼내쓰는지 꼭 살펴보시기 바랍니다.

우리 아이가 주로 사용하는 생각도구를 찾는 것은
자녀의 진로와 밀접하게 연관되어 있습니다. 자신의 생각도구를
자주 활용하는 분야의 일을 하고 있을 때, 능력은 배가 됩니다.

스물두 번째 책

『제7의 감각: 전략적 직관』
윌리엄 더건 지음 | 윤미나 옮김 | 비즈니스맵 | 2008년 11월

'직관'만이
인공지능을
이길 수 있다

"원리 원칙이 중요하지만 가끔 인생에서 문득 이걸 해야겠다는 순간이 있어요."

국립발레단 강수진 예술감독이 《매일경제》 인터뷰에서 한 말입니다. 그녀는 당시 솔리스트였던 이재우 씨를 수석무용수로 승급하는 파격적인 인사를 단행합니다. 매우 즉흥적으로 보여 단원 및 직원들이 충격받았던 사건이었습니다. 그렇게 결정한 이유를 묻는 질문에 강수진 감독은 가끔 인생에서 문득 이걸 해야겠다는 순간이 있어 자신의 내면에서 나오는 음성을 따랐을 뿐이라고 합니다.

아이가 교육적 원리 원칙에서 벗어난 행동을 했을 때, 갑자기 그렇게 하고 싶어서 그랬다고 한다면 여러분은 어떻게 하시겠습니까? 이 질문에 대한 답변으로 소개드릴 책이 『제7의 감각: 전략적 직관』입니다. 이 책은 눈에 보이지 않는 '직관력'에 대해 상당히 체계적이고 알아듣기 쉬운 사례를 통해 설명합니다.

저는 지금 학생들에게 가르치고 있는 학습 목표들이 나중에

얼마나 유용하고 쓸모 있으며, 살아가는 데 버팀목이 될 수 있을
지에 대해 고민을 자주 합니다. 그런 질문을 던질 때마다 확신에
찬 어조로 대답합니다. '참으로 쓸모없어질 것들을 가르치고 있
구나' 하고 말이죠. 너무 비관적인가 하는 염려도 있지만, 아마도
거의 맞을 겁니다. 이미 많은 언론 매체를 통해 4차산업혁명이
도래했다는 이야기를 듣습니다. 그리고 AI라고 불리는 인공지능
에 대한 시험이 무대에 올라왔습니다. 이미 증권가에서는 펀드
매니저 대신 빅데이터를 기반으로 한 프로그램이 펀드투자를 대
신 결정합니다. 해박한 인공지능으로 생생한 자료 화면을 보며
역사, 문화, 지리 등을 공부하는 날도 곧 올 것입니다. 수십 개 언
어를 동시에 번역 혹은 통역해주는 인공지능 프로그램으로 외국
바이어와 협상을 시도할 수도 있습니다. 지금 초등학생들에게는
미래를 염두한 교육이 이뤄져야 합니다.

　　과거에는 정보의 독점이 우위를 차지했고, 현재는 빅데이터를
통한 분석력이 주도권을 쥐고 있습니다. **빅데이터 분석은 인공
지능에게 맡기고, 분석을 통한 결과를 관조하여 과감한 결단을
내리는 '직관 활용'이 능숙한 아이들이 미래를 이끌어 나갈 것입
니다.**

'직관'이란 쉽게 표현하면 섬광처럼 다가오는 아이디어를 떠올리는 능력입니다. 말 그대로 풀이하면 '직접 본다'는 것입니다. 우리가 어떤 문제 상황에 직면했을 때, 혹은 해결해야 할 어떤 난관에 마주했을 때, 기존의 방식으로는 돌파구가 없을 때 발휘되는 능력입니다. 보통 직관은 논리적 사고를 뛰어넘는다고 표현하는데, 저는 조금 다르게 생각합니다. 직관은 기존의 논리들을 꿰뚫어 연결하고 그것들을 한순간에 조합하여 새로운 방식 혹은 결과물을 도출하는 능력이라고 말이죠. 과학자에게는 '유레카!'라고 외치는 순간이 될 테고, 예술가에게는 새로운 작품에 대한 구상이 번뜩이며 스쳐 가는 순간입니다. 비즈니스 전략가에게는 블루오션을 발견하는 순간이 되겠죠.

인공지능이 많은 것들을 대신할 아이들의 미래에 유일하게 인공지능이 인간을 넘보지 못하는 능력이 바로 '전략적 직관'이 될 것입니다. 그렇기에 직관력은 아이들의 미래를 위해 교육하는 입장에서 결코 간과해서는 안 되는 중요한 부분입니다. 윌리엄 더건이 제시한 전략적 직관이 작동하는 방식을 간략하게 요약하면 이렇습니다.

해결해야 할 문제 직면 ▶ 문제 해결을 위한 기존의 방대한 자료 수집 및

분석 ▶ 분석 결과를 바탕으로 집중적 해결 탐색 ▶ 잠시 쉼 ▶ 번뜩이는
통찰을 통한 해결

　어떤 난관에 봉착했을 때 그것을 해결하기 위해 많은 자료를 분
석하고 집중적으로 해결책을 모색하는 것은 기존의 패러다임과
같습니다. 여기서 한 가지 차이점은 몰입해서 해결책을 찾다가 잠
시 휴식을 취하는 것입니다. 어찌 보면 딴짓을 한다고 생각할 수
있지만, 직관은 그 순간에 발휘됩니다. 전혀 연관성이 없는 다른
것에서 섬광처럼 실마리를 발견하고 문제를 해결하는 것입니다.

　직관력은 아무 노력도 없이 그저 가만히 있다가 발견하는 것
이 아닙니다. 충분한 경험, 방대한 자료 분석, 그리고 해결을 위
한 몰입이 전제됩니다. 그런데 그것만 가지고는 새로운 참신한
아이디어가 나오지 않습니다. 기존의 틀에 계속 묶인 채로 사고
하기 때문이죠. 그때 잠시 하던 것을 멈추고 다른 곳에 시선을 돌
릴 때 이상하게도 연결점이 발견됩니다. 역사적으로 위대한 인
물들이 업적을 이룰 만한 사실을 발견한 때는 공통적으로 잠시
쉬는 순간이었습니다. 샤워하다가 혹은 산책을 하다가 말이죠.

　한 학생이 점심시간에 축구를 하다 땀 범벅이 되어서는 교실로

들어와 뛸 듯이 기뻐하며 모르는 수학 문제가 축구를 하다가 갑자기 풀렸다고 말한 적이 있습니다. 그 학생의 미래가 보이는 순간이었습니다. 자신의 직관력을 제대로 발휘하고 있었습니다. 아이들이 전략적 직관의 패턴을 자연스럽게 습득하게 하기 위해서는 몰입과 쉼을 반복적으로 제공해줘야 합니다. 몰입에는 노는 순간도 포함됩니다. 열심히 레고 쌓기에 집중하고 있다면, 적당한 간격을 두고 잠깐 멈추게 하는 겁니다.

"잠깐 간식 먹고 하자."
"쉬는 시간이야. 5분 정도 쉬었다 하자."

공부든, 놀이든, 몰입 위주로만 가기보다 사이사이 적당한 쉼의 간격을 포함하는 환경이 아이들의 전략적 직관을 습관적으로 사용할 수 있게 만듭니다. '아~!' 하는 번뜩이는 아이디어는 몰입과 몰입 사이의 쉬는 간극에서 탄생합니다. 무언가를 열심히 하다가 잠시 딴짓을 하는 자녀를 보면 '우리 아이가 전략적 직관을 활용하려고 딴짓을 하고 있네'라고 생각해주세요. 그 순간에 기막힌 아이디어가 샘솟고 있습니다.

스물세 번째 책

『초등 직관 수업』
김선호 지음 | 항해 | 2018년 1월

데이터가 많을수록
직관이 자란다

창의력 관련 강연을 나가면 학부모님들께 맨 처음 드리는 질문이 있습니다.

"초등 자녀가 암기력과 창의력 중 한 가지만 가질 수 있다면, 여러분은 암기력과 창의력 중에 무엇을 선택하시겠습니까?"

50퍼센트는 창의력에 손을 들고, 3퍼센트 정도는 암기력에 손을 듭니다. 나머지 분들은 망설이면서 손을 들지 않습니다. 저는 이렇게 말씀드립니다.

"저라면, 암기력을 선택합니다."

앞에서 소개한 윌리엄 더건의 『제7의 감각: 전략적 직관』은 일반인을 대상으로 한 '전략적 직관'에 대한 기본서라고 할 수 있습니다. 반면에 『초등 직관 수업』은 초등학생에게 전략적 직관을 교육하는 방안을 알려주는 책입니다.

우선 창의적인 아이디어는 어떤 패턴으로 생성되는지부터 살

퍼봐야 합니다. 창의적 사고는 '창발적 사고'라고도 하는데요. 그 과정에 중요한 역할을 하는 것이 바로 '직관'입니다. 작가 또는 예술가들은 직관의 발현을 '영감이 떠올랐다'라고 표현합니다. 이 책의 목적은 창의적인 아이디어의 저변에 작용하는 직관적 사고의 패턴을 초등학생들에게 자연스럽게 습득하게 하는 데 있습니다. 우선 직관적 사고의 패턴은 다음과 같습니다.

문제 상황 발생 ▶ 관련 자료 수집 ▶ 분석(몰입) ▶ 쉼(딴짓하기) ▶ 아이디어 캐치

단순화해서 표현하면 이렇습니다. 많은 데이터를 수집하고 몰입하다가 잠시 쉼의 시간을 갖습니다. 그러다 번뜩이는 생각이 떠오르는 겁니다. 제가 처음에 암기력을 선택한다고 한 이유는 바로 자료 수집 과정 때문입니다. 직관이 발현되기 위해서는 먼저 데이터가 존재해야 합니다. 번뜩이는 아이디어는 무에서 유를 창조하듯이 번쩍하고 나오는 것이 아닙니다. 일단 충분한 재료가 두서없이 많이 쌓여 있어야 합니다. 충분한 재료란 종합적인 데이터를 말합니다. 암기를 통해 인지된 지식들과 경험을 통해 체득한 정보 모두를 포함합니다. 그 후에 재료를 이리저리 꿰맞추는 몰입의 시간이 필요합니다. 대부분의 일상적인 문제는

몰입 단계에서 해결됩니다. 하지만 창의적 해결책이 필요할 때는 몰입 후에 잠시 쉼의 시간을 가져야 합니다. 쉬는 동안 직관이 스스로 해결점을 향한 연결선을 찾아냅니다.

직관이 작용하기 위한 패턴을 더 단순화하면 이렇습니다.

데이터 축적 ▶ 몰입 ▶ 쉼

'명상'은 뇌가 직관을 수시로 꺼내 쓰는 상태로 만드는 데 도움을 줍니다. 명상을 하면 뇌에 알파파가 증가합니다. 알파파는 뇌파의 하나로, 긴장을 풀고 쉬는 상태에서 볼 수 있습니다. 알파파가 증가하면 머리가 맑아진다는 느낌을 받습니다. 또한 창의적인 직관적 사고를 할 때도 작용합니다. 명상은 몰입 후 쉼의 상태에 머물게 하는 데 아주 효과적입니다. 짧은 시간에 깊이 있는 쉼으로 들어가게 해주죠. **아이들이 장난감을 가지고 놀거나 혹은 집중해서 무언가 몰입했을 때는 다음 활동으로 넘어가기 전에 약 1분 정도 눈을 감고 쉬게 해주세요. 짧은 1분 동안 천천히 숨을 쉬고 가만히 있는 것만으로도 아이들의 뇌를 알파파로 가득 채울 수 있습니다. 그 뒤 다시 새로운 몰입을 시작할 즈음이면 번뜩이는 아이디어들이 쏟아져 나옵니다.**

엄마 아빠가 보기에 정말 쓸데없어 보이는 것일지라도
아이들에게는 하나의 섬광과 같은 연결고리를 만드는
소중한 데이터입니다. 몸으로 체득한 데이터도 중요하고,
인지적으로 습득한 지식도 중요합니다.

초등학생의 직관력을 키울 수 있는 몇 가지 사례를 말씀드리 겠습니다. 이는 초등학교 5~6학년 아이들에게 적합합니다. 가급 적 혼자보다는 여럿이 같이하는 것이 좋습니다. 지하철이나 버 스를 타고 이동해서 어떤 목적지에 도착한 후 미션을 수행하는 과정입니다. 단, 과정 동안 보호자는 어떤 관여도 하지 않는 것이 중요합니다. 옆에서 약간 떨어져서 따라가기만 하면 됩니다. 아 이들이 스스로 인터넷이나 기타 자료를 통해 데이터를 수집하고 방향을 정하도록 하면 됩니다. 틀린 길로 가더라도 그냥 놔둡니 다. 그들은 자신이 수집한 정보와 맞지 않는 방향이라는 것을 인 지하는 순간 다시 데이터를 모으고 방향을 수정할 것입니다.

목적지에 도착해서는 장소와 관련된 미션을 수행하면 됩니다. 만약 목적지가 박물관이라면, 박물관에 있는 자료를 찾아보면 되 고, 유명 관광지라면 지나가는 외국인에게 외국어로 질문해서 대 답을 얻는 방법도 있습니다. 저는 학교에서 스카우트 활동을 하 면서 이런 과정을 아이들과 직접 했습니다. 아이들이 순간순간 만나는 문제 상황들에 직관적으로 대처하는 모습을 보면 신기할 정도입니다. 모든 과정을 마쳤을 때, 아이들이 품게 되는 성취감 은 상당히 높습니다. 다음 날 학교에 와서 자랑하듯이 이야기합 니다.

초등학교 저학년 아이는 점, 선, 면을 이용하여 가정에서 손쉽게 직관적 사고를 할 수 있습니다. 도화지 한 장에 점 5개, 선 3개, 네모 3개, 세모 5개를 그리라고 합니다. 수는 중요하지 않고 점, 선, 면을 적당히 흩어져 그리게 해야 합니다. 마치 흩어진 데이터들을 뇌에 축적하듯 말이죠. 아이가 점, 선, 면을 모두 그리고 나면 마지막에 미션을 줍니다. 도화지에 놓인 점, 선, 면을 연결해서 강아지를 그려보라고 합니다. 또는 엄마 얼굴을 그려보라고 합니다. 중요한 건 그려야 할 주제를 맨 마지막에 알려주는 겁니다. 미션을 들은 순간 아이들은 고민에 빠집니다. 처음부터 주제를 알았더라면 데이터를 아무렇게나 배치하지 않았겠죠. 아이들은 망설이면서 흩어진 데이터들을 연결하기 시작합니다. 그러다가 '이렇게 하면 되겠구나!' 하고는 강아지를 그립니다. 물론 웃긴 모양이 되기도 하고 다리가 5개인 강아지가 되기도 하지만 중요한 건 과정 자체에 데이터 수집, 몰입, 통찰의 과정을 모두 경험하게 되는 겁니다.

한 가지는 꼭 말씀드리고 싶습니다. **초등 시기는 가급적 많은 데이터를 만나야 합니다. 차곡차곡 순서에 따라 데이터를 접할 필요는 없습니다. 두서없이 만나도 됩니다. 중요한 건 '양'입니다.** 엄마 아빠가 보기에 정말 쓸데없어 보이는 것일지라도 아이들에게는 하나의 섬광과 같은 연결고리를 만드는 소중한 데이터입니다. 몸으로 체득한 데이터도 중요하고, 인지적으로 습득한 지식도 중요합니다. **인지적 지식 중에 가장 중요한 것은 많은 '어휘력'입니다. 새로운 단어를 하나 더 획득하는 순간 그 단어와 연관된 수많은 정보와 연결하는 기회를 갖는 잠재력이 생깁니다.**

창의적 직관은 많은 데이터를 두서없이 쌓아놓은 아이에게 다가갑니다. 무언가 관통하고 싶은데 관통할 대상이 없으면 직관이 작용할 필요가 없겠죠. 우리 아이들이 인지적이든 비인지적이든 최대한 많은 자료를 축적할 기회가 주어지기를 바랍니다.

스물네 번째 책　　　　　　　　　　　　　『호모 데우스』
유발 하라리 지음 | 김명주 옮김 | 김영사 | 2017년 5월

데이터교를
신봉하는 아이들

백 년 안에 우리가 미칠 영향은 6,500만 년 전 공
룡을 없앤 소행성의 영향을 능가할 것이다.

역사학과 교수 유발 하라리의 『호모 데우스』한 대목입니다.
사실 몇백 년 전에 이 정도의 영향은 이미 도달했습니다. 인류가
파악할 수도 없을 만큼 많은 생물의 종種이 사라졌습니다. 그리고
더 많은 것들이 사라질 위험에 노출되어 있습니다. 그런 영향의
중심에 인간이 있습니다. 유발 하라리가 인류를 '호모 데우스(신
같은 인간)'라고 말하지만, 어쩌면 이미 도달했을 수도 있습니다.

교실에서 아이들을 볼 때, 문득 이런 생각이 듭니다.
"저 아이들이 정말 인간이 맞을까?"
이 질문에는 두 가지 의미가 있습니다. 첫째는 정말 인간답지
못할 때, 둘째는 상상도 못 할 만큼 뛰어날 때입니다.

승환이는 과학 시간에 태양계 행성을 배우던 중 불쑥 이런 질
문을 던졌습니다.
"신생님, 만약 지구가 공전도 안 하고, 자전도 안 해서 아예 멈

취버리면 어떻게 돼요?"

"지구의 절반은 영원히 어둠이고, 지구의 절반은 영원히 낮일 거야. 어둠인 곳은 지금보다 온도가 상당히 낮을 테고, 낮인 곳은 지금보다 기온이 올라가겠지. 낮과 밤의 변화도 없고, 계절도 바뀌지 않는 갑작스런 생태 변화 때문에 아마도 인류가 멸종될 가능성이 높을 것 같구나."

공전과 자전도 하지 않는 정지된 지구를 떠올리는 상상은 어른으로서는 어려운 일입니다. 어린이들에게 전능한 힘이 있다면, 그들은 상상대로 지구를 한 번쯤은 멈춰볼 것입니다. 아이들이 마음껏 상상할수록 그들은 '호모 데우스'에 가깝습니다. 무섭게 느껴질 정도로 상상 범위가 예측을 초월합니다. 그런데 아이들이 마음껏 상상하게 하는 교육이 '데이터'에 의해 변곡점을 맞이하고 있습니다. 개인의 정보가 끊임없이 누적되어 기록되고, 그 기록이 인공지능에 의해 분석됩니다. 분석하는 이유는 다음 행동의 패턴을 예상하고 그들의 욕구를 채우기 위해서입니다. 더 나아가 패턴을 조정해 새로운 욕구를 추구하게 만들기 위해서입니다.

저자 유발 하라리는 호모 데우스의 종교는 '데이터교'가 될 것이라고 말합니다. 데이터는 사람의 지능뿐 아니라 의식마저도 알고리즘에 의해 파악하고, 파악한 데이터에 따라 다음 행동 패턴까지 예측합니다. 인간은 자연스럽고 당연하게 데이터에 의존하고 있습니다. 아이들도 알게 모르게 스마트폰을 통해 자신의 데이터를 인공지능 알고리즘을 사용하는 데이터교에 업로드합니다. 그들은 태어난 지 몇 개월도 안 된 상황에서 자신의 데이터를 업로드 당합니다. 부모의 각종 SNS를 통해서 데이터교에 바쳐지고 있는 것입니다. 인공지능 알고리즘은 성장 과정 사진들의 표정을 분석해 아이의 성향을 파악하고, 감정을 알아차리는 패턴을 구축할 것입니다. 그리고 아이가 성인이 된 어느 날 인공지능은 따스한 목소리로 말할 겁니다.

"오늘 많이 피곤하셨죠? 욕조에 35도의 미지근한 물을 준비했습니다. 현재 호르몬 수치로 봤을 때, 20분 정도 반신욕을 하시면 한결 기분이 좋아지실 겁니다. 반신욕을 마치시면 냉장고에는 당신이 좋아하는 맥주가 3도의 온도로 준비되어 있습니다. 시원하게 맥주를 마시면서 좋아하는 영화의 명장면을 보시면 됩니다. 그리고 오늘은 누구에게도 방해받고 싶지 않으실 테니, 스마트폰 기능 및 모든 알람 설정을 내일 아침 일어날 때까지 꺼놓겠습니다. 현재 생체리듬으로 보아 내일 오전 6시 45분에 일어나

시면 몸이 아주 개운할 겁니다. 일어날 때의 호르몬 정보를 분석
해 가장 기분 좋은 음악으로 아침을 맞이하겠습니다."

이런 세상에서 살아가게 될 아이들에게 우리는 무엇을 가르치
고 있는지 되돌아봐야 합니다. **아이들은 원하든 원하지 않든 자
신의 수많은 정보가 업로드되면서 무의식적 행동 패턴까지 알
아차리는 알고리즘과 더불어 살아야 합니다.** 유발 하라리는 이
렇게 말합니다.

데이터교도들은 경험은 공유되지 않으면 가치가 없고, 우리
는 자기 안에서 의미를 발견할 필요가 없다고 믿는다. 자신의
경험을 기록해 거대한 데이터의 흐름에 연결하기만 하면 된
다. 그러면 알고리즘들이 그 경험의 의미를 알아내 우리에게
무엇을 하라고 말해줄 것이다.

이러한 흐름은 막을 수 없습니다. 상상을 통해 삶을 개선해 나
가던 방식이 점점 필요 없어지고 있습니다. 빅데이터 알고리즘
이 알아서 분석하고 의미를 부여해줍니다. 한 번도 만나보지 못
한 세대에 자신의 존재 가치를 세우기 위한 교육은 찾아볼 수 없
습니다. 아직도 교육은 '입시 전문가'에 의해 점령당한 수준에 머

물고 있기 때문입니다. 앞으로는 고민하는 것이 쓸데없는 일이 될 겁니다. 그냥 데이터만 업로드하면 알고리즘이 알아서 어떻게 하라고 알려주기 때문입니다. 앞으로는 땀 흘리는 일이 멋지거나 가치 있어 보이지 않을 겁니다. 땀 흘리지 않고서도 얼마든지 산에 오를 수 있고, 헐떡이지 않아도 선수들보다 멋지게 덩크 슛을 하는 인공지능 로봇이 스크린을 채울 것입니다. 한 손으로 자동차 핸들을 돌리면서 다른 한 손으로 라디오 채널을 돌리던 부모의 모습에서 듬직한 안정감을 느끼던 시대는 사라집니다. 모든 안전 시스템을 갖춘 인공지능 자동차가 집 앞에서 내가 가장 좋아하는 의자 높낮이로 세팅한 채, 보고 싶은 영상을 틀어놓고 기다리고 있을 겁니다.

데이터교의 신자들이 될 우리 아이에게 어떤 것이 '인간답다'라고 이야기해줄지를 고민해야 합니다. 어쩌면 기성세대들도 이미 인간답다고 생각한 것들을 버리고 데이터교의 신봉자로 변해가고 있을지도 모릅니다. 데이터에 자신을 업로드하지 않아도 '존재감'을 느낄 수 있는 '자아'를 만나게 해야 합니다. 나의 존재 가치가 상황에 따라 변하지 않음을 자각할 수 있는 힘이 필요합니다. 가끔은 업로드하지 않는 환경에 아이를 데려가기 바랍니다.

필수 Q&A ④

하기 싫은 공부를
오랫동안 하는 방법

Q 뻔한 질문이지만 초등학생들은 공부보단 노는 걸 훨씬 좋아하
겠죠?

A. 가끔 아이들은 학교에 공부하러 오는 게 아니라 쉬는 시간과 점
심시간에 놀기 위해 오는 것은 아닐까 하는 생각을 합니다. 코로
나19가 시작되기 전에는 미세먼지 때문에 아이들이 중간 놀이
시간, 점심시간에 운동장에 나가지 못하고 교실에서 놀았습니다.
약 100데시벨이 넘는 소음을 내며 정신없이 노는 아이들을 보면
이런 생각이 듭니다. 공부를 좋아하는 아이가 대한민국에 몇 퍼
센트나 될까?

Q. 공부를 좋아하는 아이는 거의 없다는 얘기군요. 아이들은 왜 그 렇게 공부를 싫어할까요?

A. 쉽게 말해 공부를 좋아하는 아이는 없지만, 그중에 열심히 하는 아이는 있습니다. 교육자로서 이런 말을 드리는 것이 쉽지는 않 습니다만, 학교 교육과정 자체가 공부하기 싫게 만듭니다. 현재 교과체제 교육과정의 기원을 올라가 보면 서양철학에서 중세의 대학까지 올라갑니다. 당시는 정보의 습득이 힘이었고, 교과를 세분화함으로써 목적을 효율적으로 달성할 수 있었습니다. 하지 만 지금은 그런 시대가 아닙니다. 아마도 교과목, 교과서라는 체 계가 유지되는 한 아이들은 계속 공부를 싫어하게 될 겁니다. 아 이들은 쉬는 시간이 끝날 즈음 친구에게 물어봅니다. "다음 시간 뭐야?" "수학이야." "아, 왜 수학이야~" 아이들은 체육 시간 빼고 는 대부분 아쉬워합니다.

Q. 이런 교과목, 교과서 위주인 시스템 안에서도 공부를 잘하는 아 이들은 있지 않습니까? 그 아이들은 어떻게 해서 잘하는 걸까요?

A. 그런 아이들은 '학습력'이 좋은 것인데요. 보통 지식을 배우고 익 히는 능력을 학습력이라고 합니다. 하지만 저는 한국에서 공부 잘하는 아이들의 학습력을 이렇게 해석합니다. '하기 싫은 공부 를 오랫동안 할 수 있는 능력'이라고 말이죠. 그리고 이러한 학습 력을 갖추기 위해 필요한 두 가지 원천적인 요소들이 있습니다.

첫째는 '근면성'입니다. 정해진 시간에 무언가를 꾸준히 오랫동안 하는 사람을 성실하다고 표현하죠. 에릭슨의 사회성 발달단계에 따르면 초등 학교에 입학하는 나이 즈음에 근면성이 형성됩니다. 학습에 대한 근면성을 키워주려면 적당량의 과제를 꾸준히 제시해줘야 합니다. 가장 많이 사용하는 방법이 학습지를 일정량 꾸준히 풀게 하는 겁니다. 어떤 아이는 지겨워하면서도 매일 일정량을 풀고, 어떤 아이는 풀지 않고 버팁니다. 그 차이는 처음 60일 이상의 지속성 여부에 달려 있습니다.

Q. 60일 이상을 꾸준히 해야 한다는 말씀인가요?

A. 맞습니다. 학부모님들은 공부를 재밌게 해주려고 애씁니다. 하지만 현재 학교 및 입시 시스템의 공부를 따라가려면 재밌을 수가 없습니다. '공부는 습관이다'라고 생각을 바꿔보세요. 습관을 기르기 위해선 일정한 분량을 매일 반복해서 할 수 있는 근면성을 길러야 합니다. 학교에 다녀오면 가방을 내려놓고 방에 앉아서 정해진 분량의 책을 읽고, 문제를 푸는 습관을 들여야 합니다. 이 습관이 자리하려면 최소 60일은 지속해야 합니다.

Q. 60일을 매일 꾸준히 하는 것은 어떻게 해야 가능할까요?

A. 정해진 시간과 장소를 확보해야 합니다. 그리고 한 학기 지날 때마다 분량을 조금씩 늘려주면 됩니다. 안타깝게도 학부모님들이 조급한 마음에 분량을 단번에 늘립니다. 거기다 우후죽순으로 학원 숙제의 양이 늘어나면 습관이 잡히기도 전에 질려버립니다. 어떻게 해서든 피하려는 마음이 생깁니다. 학기 단위로 스스로 앉아서 정해진 분량을 꾸준히 해낼 수 있도록 계획을 세워서 진행하셔야 합니다. 그러면 고학년이 되어도 안정적으로 자신이 맡은 분량을 해냅니다.

Q. 그러면 학습력에 필요한 원천적 요소 두 번째는 뭔가요?

A. 둘째는 '자기효능감'입니다. 내가 참 쓸모 있고 유용한 사람이라

고 생각하는 것을 자기효능감이라고 하는데요. 자기효능감이 학습력에 미치는 영향은 매우 큽니다. 자기효능감이 높은 아이들은 즐겁지 않은 학습과정을 '기대감'으로 바꿉니다. 자신이 마주하고 있는 어려운 문제를 풀 수 있을 거라는 희망을 갖습니다. 심리학자 반두라는 자기효능감이 생성되기 위해서는 기대감이 필요하다고 말합니다. 그렇기 때문에 엄마 아빠가 기대 어린 시선을 가지고 표현을 해줘야 합니다. 교육학자들 간에 의견이 분분하긴 합니다만, 일단 자기효능감이 자리하기 위해서는 자신의 능력보다 약간은 과장된 신념을 갖고 있는 것이 도움이 된다고 말합니다.

Q. 그럼, 우리 아이에게 자기효능감이 있는지 없는지를 어떻게 알 수 있을까요?

A. 어떤 문제를 틀리거나, 무언가를 실패했을 때 대답하는 모습을 보고 알 수 있습니다. 자기효능감이 높은 아이들은 그 원인을 자신의 노력에 둡니다. 내가 좀 더 노력했으면 성공했을 거라고 말합니다. 하지만 자기효능감이 낮은 아이들은 어차피 뭘 했어도 안 됐을 거라고 말합니다. 이렇게 실패한 원인을 어디에 두느냐에 따라 아이의 자기효능감을 판단할 수 있습니다. 그래서 자녀가 어떤 실패를 맛보았을 때, 노력한 과정에 대해 구체적으로 피드백을 해주는 것이 좋습니다. 어떤 부분에서 좀 더 노력하고 보

완했다면 성공했을 거라는 설명을 해줘야 합니다.

Q. 공부를 싫어하는 아이들을 공부하게 하려니 학부모님들 참 어렵겠다는 생각이 듭니다.

A. 아이들은 새로운 것에 대한 호기심이 왕성합니다. 하지만 학습이라는 테두리 안으로 들어온 순간 호기심보다는 근면성을 필요로 합니다. 어른 입장에서는 다른 거 말고, 공부만 하면 되는데 뭐가 그리 어렵냐고 자녀를 꾸짖을 때가 있습니다. 하지만 이것 하나만 알아주세요. 우리 아이들은 가장 싫어하는 걸 하고 있습니다. 심지어 요즘 초등학생들은 학교 정규 수업, 방과후 수업, 학원 수업까지 더하면 고등학생보다 더 많은 시간을 책상 앞에 앉아 있는 것으로 집계됩니다. 어려운 걸 해내고 있는 아이들에게 충분한 격려와 지지 잊지 않으셨으면
좋겠습니다.

5장
부모교육

: 엄마만의 시간, 독립, 데이터 교육,
전이, 자존감, 내면아이

스물다섯 번째 책

『엄마니까 느끼는 감정』
정우열 지음 | 서랍의날씨 | 2020년 5월

거짓 엄마 감정과
진짜 엄마 감정

요즘 엄마들에게 예상치 못한 일이 일어나고 있습니다. 그동안 아이를 학교에 보내면 육아 스트레스에서는 어느 정도 벗어난 줄 알았습니다. 그런데 코로나19로 인해 방학이 연장되고, 대부분 온라인 수업이 진행되면서 초등 자녀 엄마들이 육아에서 벗어나지 못하고 있습니다. 사실 육아는 자녀가 중학교, 고등학교, 대학교에 갈 때까지 이어집니다. 심지어 손자를 돌볼 때까지 이어질 수도 있습니다. 가정환경에 따라 육체적으로는 그렇지 않다고 생각할지 모르지만, 감정만큼은 육아를 놓지 못하고 있습니다.

2019년 12월 말부터 시작된 코로나19로 아이들은 근 반년을 집에서 보내고 있습니다. 등교수업이 시작됐지만, '어쩌다 등교' 수준입니다. 아이들은 집에 있는 것이 너무 익숙해졌습니다. 가끔 학교에 가려고 준비하는 것을 어색하고 힘들어합니다. 그러던 중에 여름방학이 찾아왔습니다. 온라인 수업마저도 없으니, 학부모님들은 방학을 어떻게 보내야 할지 막막했습니다. 제일 큰 막막함은 심신이 지칠 대로 지쳤다는 겁니다. 아이들 입장에서야 방학이지만, 부모 입장에서는 적극적으로 육아를 해야 할 시기가 더욱 빠르게 다가왔을 뿐입니다. 그 어느 때보다 방학이 힘들게 느껴지는 현실입니다.

심리전문가들에 따르면 코로나19로 인해 여성이 남성보다 우울감을 2배 더 받는다고 합니다. 표면상 여성들이 학교나 유치원 또는 어린이집을 가지 않는 아이를 돌보며 함께 머무르는 시간이 더 많기 때문입니다. 그런데 궁금합니다. 정말 코로나19 기간 동안 집중된 자녀 돌봄이 우울감을 높인 유일한 이유일까요? 그전에도 양육과 돌봄, 자녀 교육은 대부분 엄마에게 집중되어 있었습니다. 단지 낮에는 아이들이 학교 가느라 잠시 잊고 있던 것뿐이었죠. 코로나19로 학교에 가지 않는 날이 길어지자 그간의 삶이 보이기 시작한 겁니다.

'나의 감정 육아는 언제 끝날 것인가?'

사실 엄마가 된 순간부터 엄마들에게 쉼이란 사치처럼 간주되었습니다. 대한민국에서 '엄마'라는 이름은 희생의 대명사였죠. 엄마가 희생하지 않으면 죄인이 되는 한국 사회에서 코로나19는 절대적 희생물로 엄마를 선택했습니다. 그리고 사람들이 엄마들에게 이렇게 말합니다.

"아이들과 함께 있는 시간이 많아졌으니 그간 못했던 대화를 많이 하는 기회로 삼으세요."

"이럴 때일수록 엄마가 꼼꼼하게 챙겨서 다른 아이들보다 학습이 뒤처지지 않도록 해야 합니다."

"건강한 음식을 잘 준비해서 아이들 면역력을 높여주세요."

이런 솔루션을 들으면 질문이 생깁니다.
'그럼 엄마들은 언제 쉬나요?'

그 누구도 적당한 간격으로 쉬어주지 않으면 정신과 육체는 피폐해집니다. 『엄마니까 느끼는 감정』에 이런 표현이 있습니다.

사람이 건강을 유지하기 위해 가장 중요한 것은 몸과 마음이 충분히 쉬는 것인데 엄마에게는 더욱 필수적이다. 규칙적으로 쉬어야 한다는 인식이 없으면 결코 쉴 수 없는 삶이 엄마의 삶이기 때문이다.

전혀 모르는 학부모님으로부터 연락을 받을 때가 있습니다. 라디오 방송을 듣고 상담받고 싶었다면서 학교로 전화를 하시거나, 책을 읽고 이메일을 보내십니다. 대부분 자녀에 대한 깊은 고

민 때문이죠. 어머님은 정말 고민하고 마음이 무거워서 메일을
보냈는데, 그런 고민을 주변에서는 잘 모르는 듯한 느낌을 받을
때가 있습니다. 내용을 찬찬히 읽어보면 혼자 모든 고민을 끌어
안고 있는 것을 알 수 있습니다. **고민을 혼자 끌어안고 갈 때, 힘
겨움을 혼자만의 책임으로 소유하고 있을 때, 자신의 감정은 소
외됩니다. 특히 엄마로서의 감정은 사라집니다. 엄마라는 이름
의 감정은 아이에게 소중한 거울입니다. 아이들은 엄마의 감정
을 통해 세상을 인지합니다.**

　안타깝게도 엄마들에게는 '진짜 엄마 감정'으로 아이에게 다가
갈 여유가 없습니다. 그것보다는 '육아감정' '돌봄감정' '학습감정'
에 치우쳐 다가갑니다. 엄마라는 이름이 어떤 위치로 다가오기
보다 일로 다가옵니다. 그저 가사 돌보미, 학습지 선생님의 역할
로 빠져듭니다. 엄마라는 이름이 주어진 시기 동안, 엄마로서의
감정이 충분히 전달되지 않는 것을 경계해야 합니다. 엄마가 엄
마로서의 감정이 아닌, 일하는 사람으로서의 역할에 매몰될 때
우리 아이들은 자신의 감정을 어떻게 사용해야 하는지 배울 기회
를 잃어버립니다. 우리 아이의 감정 또한 메말라 갑니다. 아이와
함께 있을 때 내가 지금 엄마가 아닌 일하는 위치에 있다는 자각
이 들면 잠시 하던 걸 멈추고 아이의 눈동자를 바라보시길 바랍

니다.

　누구든 어떤 역할에서 존재의 이유를 느껴야 합니다. 사람들은 감정적 경험에서 자신의 존재 위치를 인식합니다. 사랑받는 감정을 통해, 사랑받아도 되는 위치로 존재합니다. 성취하는 감정을 통해 자신의 능력을 인정하는 위치로 존재합니다. 엄마가 엄마로서의 감정을 느낄 기회를 주지 않는다면, 그저 자녀를 돌보는 것들만 쉼 없이 이어진다면, 엄마의 위치는 감정 없는 돌보미가 될 가능성이 높습니다.

　엄마만의 고요한 시간을 사수하자!

　자녀를 키우는 건 누구 한 사람만의 몫이 아닙니다. 자녀를 나 혼자 감당해야 한다고 여기지 말고 주변에 요청하시기 바랍니다. "그건 엄마 몫이야"라는 말을 듣는 순간, 며칠 정도 여행을 다녀오시기 바랍니다. 혼자 있는 고독 속에서 그간 엄마가 아닌 감정으로 살았던 것들을 털어버리고, 진짜 엄마 감정으로 돌아오시기 바랍니다. 그게 '엄마 몫'입니다.

스물여섯 번째 책　　『딸은 엄마의 감정을 먹고 자란다』

박우란 지음 | 유노라이프 | 2020년 7월

나로 살아야
아이가 숨을 쉰다

엄마를 잃어야 내가 산다
'나'로 살아야 내 딸아이가 산다

강렬한 표현입니다. 정신분석상담 전문가 박우란의 『딸은 엄마의 감정을 먹고 자란다』 뒤표지 문구입니다. 처음엔 위 문장이 책의 제목과 상충된다는 생각이 들었습니다. '엄마의 감정을 먹고 산다면, 엄마를 잃어서는 안 되는 것 아닐까?' 후에 저자의 블로그를 보고 알았습니다. 이 책에 대해 이런 말을 남겼습니다.

"사실 중요한 것은 감정이 아닙니다. 그것을 붙들고 고통을 반복하고자 하는 우리의 무의식적인 충동과 무의식적인 애도들을 알아가는 것이 중요하지요. 여자로, 딸로, 엄마로 살아가는 모든 동지들에게 전하는 애도의 편지입니다."

초등 자녀들도 '애도'의 과정을 겪고 있다는 걸 아시나요? 아이들이라고 마냥 즐거운 것만은 아닙니다. 아프고 슬픈 일들이 두서없이 다가옵니다. 애도는 단순히 슬퍼서 우는 것을 의미하지 않습니다. 중요한 건 '떠나보냄'을 받아들이는 과정입니다. 아이들이 학교생활을 하면서 받는 큰 스트레스는 '전학'입니다. 아이 입장에서는 선택의 여지없이 정든 친구들과 이별을 해야 합니다. 방학이 끝나고 개학할 즈음에 학부모님으로부터 연락을 받을 때가 있습니다.

"방학 중에 이사를 해서요. 개학할 때는 다른 학교로 전학 가야 할 것 같습니다."

전학 절차는 매우 단순합니다. 학교 교무실에서 전출 서류 한 장을 작성하면 됩니다. 나머지는 학교에서 전학 갈 학교로 생활기록부를 전자 공문을 통해 전송하면 끝납니다. 문제는 아이입니다. 그런 전화를 받으면 가슴이 철렁합니다. '방학하기 하루 전에만 알려주셨다면 좋았을 텐데….' 적어도 방학 하루 전에만 알아도 담임으로서 전학 가는 아이와 친구들끼리 헤어지는 '의식'을 치러줄 수 있습니다. 커다란 종이에 친구들이 편지도 적고, 앞에 나와서 인사하는 시간도 갖습니다. 별것 아닌 것 같지만, 애도에는 일정한 형식이 필요합니다. 관계 맺기의 끝남을 선언하는 것이죠. 그런 선언이 있어야 울음과 슬픔이 멈춥니다.

'살다 보면 헤어질 수도 있고, 전학 가면 다른 친구들을 만나면 되지. 애도의 과정이 꼭 필요한가?'라고 생각하실 수도 있습니다. **아이들이 애도의 과정을 겪지 못하면, 어른이 되어 어떻게 헤어져야 하는지 모르는 사람이 됩니다. 관계 맺기에서 가장 어려운 것은 사귀는 것이 아니라 헤어지는 과정입니다. 초등 시기에 애도의 과정을 잘 치르는 아이들은 심리적으로 건강한 어른이 됩니다.** 그들에게 만남과 헤어짐은 좋은 애착과 건강한 분리의 과정을 거칩니다. 그렇게 되지 못할 때, 집착과 단절로 끝납니다. 애도는 상실감을 기꺼이 받아들이고 그 자리를 비운 채로 남겨 놓음을 선언하게 해줍니다. 빈 공간을 볼 때마다 가슴은 아프겠지만, 본인이 받아들이겠다고 선언한 순간, 분리되어 객관적 자세를 가질 수 있습니다. 우리 아이에게 애도의 기회를 자주 주십시오.

10살이 되는 생일에는 더 특별한 축하 파티를 하세요. 유아에서 어린이가 됨을 알려주는 것입니다. 지금보다 더 어린 시절이 있었음을 알려주고, 이제부터 어린 시절과 이별하고 초등 중학년(3학년)다운 어린이로 나아갈 기회를 만들어 주는 겁니다. 유치원 때, 초등1~2학년 때 가지고 놀던 장난감들과 공식적으로 인사를 합니다. 그리고 상자에 담아서 어떻게 할지를 정합니다. 좋은 곳으로 기증할 수도 있고, 깊은 서랍 속에 넣을 수도 있습니다. 그동안은 장난감을 그저 집안에 쌓인 잡동사니처럼 여기다가 하나

엄마 아빠도 '나'로 서야 하고, 아이도 '나'로 걸어가야 합니다.
가족이라는 공동체 안에서 서로 관계 맺기를 하지만,
결국 자신의 욕구와 원의를 아는 '독립된 자아'가 되는
경험이 있을 때, 살아 있음을 느낄 수 있습니다.

둘씩 아이 모르게 처분했을 겁니다. 그보다는 아이와 공식적으로 이별하는 과정을 갖는 것이 좋습니다. 아이는 장난감과의 추억을 기억하고, 즐거웠음을 감사하고, 또 다른 무언가를 찾아 떠날 마음의 준비를 하는 좋은 기회가 됩니다. **이런 작고 사소한 것들과의 '이별 의식'은 아이로 하여금 더 큰 상실감을 어떻게 애도하고 관계를 정리할지를 알게 해줍니다. 그제야 비로소 아이는 독립적인 모습으로 서있을 수 있습니다.**

정말 내 아이가 나를 떠나도 괜찮은가? 나는 그 상실을 허락할 준비가 되어 있는가?

문제는 엄마 아빠가 상실을 맞이할 준비를 못 한다는 겁니다. 그리고 어떻게 상실해야 하는지 경험도 부족합니다. 하지만 상실이 필요한 이유는 분명하고 단순합니다. **엄마 아빠도 '나'로 서야 하고, 아이도 '나'로 걸어가야 합니다. 가족이라는 공동체 안에서 서로 관계 맺기를 하지만, 결국 자신의 욕구와 원의를 아는 '독립된 자아'가 되는 경험이 있을 때, 살아 있음을 느낄 수 있습니다.** 각자의 숨을 쉴 수 있을 때, 비로소 자유로움을 얻습니다.

스물일곱 번째 책

『데이터가 뒤집은 공부의 진실』

나카무로 마키코 지음 | 유윤한 옮김 | 로그인 | 2016년 5월

'~라더라' 교육 말고
'~에 따르면' 교육

"자녀 교육이 주식투자와 같다면, 유아기 혹은 초등 시기 교육에 돈을 투자하는 것이 좋을까요? 아니면 돈을 모아놨 다가 대입 준비할 때 집중적으로 투자하는 것이 좋을까요?"

가장 수익률이 높은 것은 아이가 초등학교에 입학하기 전에 하는 취학 전 교육(유아교육)이다.

경제학자 헤크먼 교수 연구팀은 과학적 근거를 기초로 계산했 을 때, 교육 투자 대비 수익률은 아이가 어릴 때 해야 한다고 말 합니다. 제가 교사가 되기 위해 교육대학에서 공부한 교육 전공 과목들이 있습니다. 교육심리학, 교육공학, 교육행정, 교육역사, 교육사회학, 교육철학 등입니다. 그때 들어보지도 못하고 배워 보지도 못한 과목이 있습니다. 바로 '교육경제학'입니다. 자칫 학 생들에게 경제학을 가르쳐야 한다는 내용으로 오해하실 수 있지 만, 그런 내용이 아닙니다. 쉽게 표현하면 객관적 자료가 될 수 있는 많은 데이터를 분석해서 교육에 대한 질문에 답하는 겁니 다. 여기서 데이터가 지닌 '객관성'이 매우 중요합니다. 『데이터 가 뒤집은 공부의 진실』은 이런 교육경제학적 관점에서 교육에 대해 논하는 책입니다.

　교육을 받아본 사람이라면, 교육에 대해 각자의 의견을 제시
할 수 있습니다. 그러나 그중에서 객관성을 띤 자료를 바탕으로
교육을 논하는 사람은 거의 없습니다. 심지어 수십 년간 교육자
로서의 길을 걸어온 사람일지라도 교육을 논할 때 개인의 경험을
바탕으로 주장합니다. 그것은 어디까지나 개인의 경험일 뿐, 보
편적으로 적용할 수 있는 객관화된 주장은 아닙니다. **이 책에서
는 자녀를 교육하면서 가질 수 있는 질문들을 데이터와 교육 실
험을 통해 얻어진 통계자료를 바탕으로 해답을 제시합니다. 즉,
어느 정도 과학적인 결과라고 할 수 있습니다.**

　책에는 '아이에게 돈을 주며 공부시켜도 되는가?'라는 질문이
있습니다. 학부모님들 간에 의견이 다를 겁니다. "어떻게 문제집
을 풀었다고 돈을 주나요? 아이들 인성에 안 좋을 거예요. 공부
는 당연히 해야 하는 것이지 돈을 받고 하는 것이 아닙니다"라고
주장할 수 있습니다. 반대로 "그렇게 해서라도 공부하도록 유도
할 수 있다면 줘야죠"라고 하실 수도 있습니다. 이 책에서는 이렇
게 답합니다.

많은 연구 결과에 따르면, 교육에 대한 투자가 올리는 수익률
은 주식이나 금융 투자의 수익률보다 높다.

결론을 말씀드리면 '공부하면 돈을 줘도 된다'입니다. 단지 좀
더 세밀하게 접근해서 투자의 시기와 방법에 따라 차이가 있음을
밝힙니다. 이 책에서는 하버드대학교의 롤랜드 프라이어 교수의
실험을 바탕으로 근거를 제시합니다. 그는 크게 두 종류의 실험
을 합니다. 뉴욕과 시카고 실험에서는 성적이 올라가면 돈을 주
고, 댈러스, 워싱턴DC, 휴스턴에서는 성적과 상관없이 독서, 숙
제, 출석, 교복 착용 등을 하면 바로바로 돈을 줬습니다. 그 결과
실제로 성적이 더 오른 그룹은 성적과 상관없이 독서, 출석, 숙제
등을 할 때마다 바로바로 돈을 준 그룹이었습니다. 즉, 보상이라
는 투자를 하는 시기는 마치 눈 앞의 당근처럼 바로바로 주어졌
을 때 효과가 있다는 결론입니다.

이 책은 이렇게 질문을 던지고, 질문에 대한 실험 혹은 데이터
를 기반으로 대답을 해줍니다. 이 책에서 가장 강조하고 있는 내
용은 바로 '비인지능력'입니다. 특히 어릴 때부터 인지능력보다
는 비인지능력을 갖추는 것이 교육경제학적 관점에서 가장 수익
률이 높다고 이야기합니다. 여기서 말하는 비인지능력으로 '자

제심'과 '끈기' 등을 이야기합니다. 쉽게 말해서 유아 때부터 인성 교육을 받은 그룹과 그렇지 않은 그룹으로 나눴을 때, 인성교육 을 받은 아이들이 연봉이 더 높다는 것입니다. 여러 가지 근거를 제시하고 있는데요. 그중에 고베대학교의 니시무라 교수 연구팀 의 결과를 보면 '정직, 배려, 규칙준수' 등의 교육을 받은 이들이 그런 교육을 받지못 한 사람과 비교했을 때 평균 연봉이 86만 엔 정도 차이를 보인다고 발표했습니다. 약 1,000만 원 정도 차이가 납니다.

이런 내용에 거부감을 느끼시는 분들도 있을 겁니다. 우리 아 이를 사랑으로 키우면 되지 무슨 투자나 수익률 같은 용어를 사 용하면서 교육을 논해야 하냐고 말이죠. 저는 소중한 자녀이기 에 더더욱 객관적인 사실과 근거, 다각도의 실험 결과를 바탕으 로 교육을 해야 한다고 생각합니다. 아픈 사람이 테스트 과정을 거친 약을 먹듯, 우리가 충분한 검증을 거친 영양제를 먹듯이 **자 녀에게 적어도 어떤 교육 방향이나 순서를 결정할 때 무언가 검 증된 자료를 가지고 있어야 합니다. '내가 경험해서 하는 말인데' 정도의 교육 수준은 누구든지 다 할 수 있습니다.**

학생들을 대상으로 실험 결과와 통계자료, 데이터를 바탕으로

안타깝지만 시행착오를 몇 번 거치다 보면 우리 아이들은
이미 성장해 있을 겁니다. 그러니 교육만큼은 이미 진행된
많은 데이터를 바탕으로 시행착오를 최소화해야 합니다.

교육에 접근한다고 해서 결코 인간미가 떨어진다고 생각하지 않
습니다. 오히려 교육을 하는 사람이라면 이런 객관적인 자료를
바탕으로 아이들에게 접근해야 한다는 필요성을 절감했습니다.
교육을 해야 한다는 당위성만 지닌 채 어떻게 가르쳐야 하는지
방법을 모른다면, 그것은 결론적으로 교육에 대해 무지하다고밖
에 할 수 없습니다. **무지를 바탕으로 하면 교육하는 데 있어 많
은 시행착오를 거치게 됩니다. 안타깝지만 시행착오를 몇 번 거
치다 보면 우리 아이들은 이미 성장해 있을 겁니다. 그러니 교육
만큼은 이미 진행된 많은 데이터를 바탕으로 시행착오를 최소화
해야 합니다.**

　여러분은 이제 '교육경제학'이라는 용어를 알게 됐습니다. 교
육을 경제학적 관점으로 접근하면 많은 시행착오를 줄일 수 있습
니다. 아이들이 검증된 자료를 바탕으로 교육될 수 있기를 바랍
니다. 그러기 위해서는 이제부터 어떻게 교육하는지가 아닌, 어
떤 교육 데이터들이 있는지를 찾아보는 것이 좋습니다.

　교육 데이터를 어떻게 접할 수 있는지 설명드리겠습니다. 저
는 기본적으로 교육 서적들을 꾸준히 읽습니다. 그리고 '정말 이
렇게 해도 될까?' 하는 의심이 들 때 데이터를 찾습니다. **제가 주**

로 데이터를 찾는 곳은 '국회전자도서관'입니다. 상당히 많은 객관적 데이터를 집에서 찾아볼 수 있습니다. 예를 들어 자녀의 인터넷 게임중독이 걱정되면 국회전자도서관에 접속해서 '인터넷 게임중독'이라고 검색합니다. 현재 검색해보니 939개의 자료가 나옵니다. 카테고리가 잘 분류되어 있어 찾기도 쉽습니다. 예를 들어 도서자료 77개, 학위논문 315개, 학술기사 357개, 국회회의록 5개 등 세부적으로 표시되며, 많은 해당 자료들을 전자책으로 볼 수 있습니다. 음성지원이 되는 자료도 많습니다. 다운받아서 출퇴근 운전하면서 들을 수도 있습니다. 일부는 열람료가 유료이지만 대부분 무료로 제공됩니다. 저는 주로 '학술기사'를 많이 봅니다. 바쁜 일상에서 모든 데이터를 다 볼 여력이 없습니다. 하지만 학술기사는 짧으면서도 집약적으로 각종 논문 및 연구 데이터들에 대한 통계와 결론, 방향성을 알려줍니다. 데이터들을 정리해놓은 데이터인 셈이죠. 들어가 보시면, 이렇게 많은 교육 데이터가 있다는 사실에 놀라실 겁니다. 손쉽게 무료로 좋은 데이터를 접속할 수 있습니다. 학부모님들도 이제부터 '~라더라' 교육이 아닌 '~에 따르면' 데이터 교육을 실행하기 바랍니다.

『30년만의 휴식』
이무석 | 비전과리더십 | 2006년 5월

내가 흔들리면
내 아이도 흔들린다

"여러분은 지금 어디에 계십니까?"

『30년만의 휴식』의 저자인 정신과전문의 이무석은 이 물음이 공간적 장소가 아닌 '심리적 장소'의 물음이라고 말합니다. 자신이 '심리적 현실'에서 어디에 위치하고 있는지 자각할 수 있는 중요한 질문입니다. 저는 이 질문을 이렇게 바꿔서 여쭙겠습니다.

"학부모로서 혹은 교육자로서 여러분은 지금 어디에 계십니까? 자녀의 인성에 중점을 두는 위치에 계십니까? 학습에 중점을 두는 위치에 계십니까? 아니면 알아서 하겠지 하는 위치에 계십니까?"

아마도 어느 곳에 계시든 확신을 가진 분은 드물 거라 생각됩니다. 그만큼 자녀 교육에 있어 자신의 위치를 가늠하기는 불안정한 요소가 많습니다. 초등학생 자녀는 하루가 다르게 성장하고 변화하기 때문입니다. 자녀를 교육하면서 학부모로서 혹은 교사로서 현재 서있는 위치를 파악하기 어려운 근본 이유는 자기 자신의 내면 상태가 어느 위치인지 아직 자각하지 못했기 때문입니다. **자성적 성찰이 없는 상황은 쉽게 표현해서 바람이 부는 대로 흔들리는 상태입니다. 그런 상황에서 타인에게 교육이나 영향력을 행사할 때, 피교육자 또한 바람 부는 대로 흔들릴 수밖에 없습니다.**

보통 프로이트, 융, 라캉 등을 언급하는 정신분석 전문 서적들은 심리학 개념을 잘 모르는 상태에서 읽으면 난해할 수 있습니다. 하지만 이 책은 성공은 했으나 행복하지 않은 30대 '휴'라는 한 인물을 등장시켜 인물의 과거와 현재 상황을 예시로 하여 아주 쉽게 스스로를 분석하는 데 도움을 줍니다.

그냥 인성, 학습법, 창의적 교육법 등 구체적인 교육 방법들을 잘 숙지하고 그대로 적용하면 되지 않을까? 하고 반문하실 수도 있습니다. 지금 당장 자녀의 교육에 그닥 도움이 될 것 같지 않은 나의 심리 상태까지 파악할 필요가 있을까? 하고 의아하실 수도 있습니다. 학부모님들이 아주 좋은 교육 방법들을 잘 연구하고 숙지해서 자녀에게 적용한다고 가정했을 때, 어떤 집의 아이는 그것을 따르고, 어떤 집의 아이는 전혀 알아듣지 못하거나 회피합니다. 왜 그럴까요? 단지 인지능력의 차이 때문일까요? 물론 자녀마다 인지능력은 객관적으로 차이가 날 수 있습니다. 하지만 저는 심리학 용어로 '전이'라는 개념 때문일 가능성이 높다고 생각합니다.

그간 학부모 상담을 하면서 가설을 세운 것이 있습니다. 학생의 심리 상태와 학부모의 심리 상태가 그리 다르지 않을 수 있다는 가설입니다. 제가 정신분석 전문가가 아니기 때문에 어떤 진단이나 판단은 할 수 없지만, 많은 학부모님이 표면상은 어른이지만 무언가 해결되지 못하거나 혹은 상처받은 내면의 어린아이를 끌어안고 있으며, 내면아이의 모습이 실제 자녀에게도 거의 흡사하게 전이시키고 있는 것 같습니다. 그리고 학생들이 자기 내면의 상태를 인지하지 못하듯이 학부모님 또한 자기 자신뿐 아니라, 자녀에게 전이시키고 있다는 사실 자체를 완강하게 거부하는 모습을 보입니다. 대부분 이런 사례는 자녀에게 어떤 문제 상황이 터졌을 때, 내 아이의 문제가 아니라 다른 아이의 문제에서 비롯됐다고 단정 짓는 경우에 발생합니다.

저도 교사이기 이전에 학부모이며, 학부모이기 이전에 부부이며, 부부이기 이전에 누군가의 자녀이며 더 깊이 들어가서 근본적으로 하나의 주체입니다. **부부 관계든, 부모와 자식의 관계든, 교사와 학생 관계든, 회사에서 동료 관계든 모든 관계와 연결 짓**

는 나 자신은 변함없이 하나의 주체입니다. 즉, 주체로서의 내가 어느 위치에 있는지를 바라봐야 모든 타인과의 관계에서 왜 그러한 상황들이 발생했는지 알 수 있습니다. 더구나 타인이 내가 소중하게 생각하는 자녀라면, 나의 현재 위치를 파악하는 것은 부모로서 의무입니다. 사회에서 타인과의 관계에 어려움이 있을 때, 상대방을 무시하거나 적당한 핑계를 만들어 만나지 않을 수 있습니다. 하지만 부모와 자식은 강한 매듭으로 묶여 있습니다.

부모가 자식을 대하는 태도가 아이의 초자아를 형성한다. 초자아란 인격구조 중 자기를 감독하고 평가하는 부분이다. 대개 부모 이미지가 내재화되어 만들어진다.

여기서 '부모의 이미지'라는 표현이 중요합니다. 아이들은 부모가 전하는 말의 내용과 교육의 방법적 기술을 인식하는 것이 아니라, 자신에게 다가오는 부모의 이미지를 통해 배웁니다. 그리고 그 이미지를 모방하여 자신의 초자아를 형성합니다. 단순히 생각하면 당연한 말이지만, 실질적인 영향력으로 판단할 때는 섬뜩하도록 무서운 말입니다.

그럼 이렇게 생각하실 수도 있을 겁니다. '나의 내면이 분노에

찼더라도, 외면상 따뜻하고 자애로운 이미지로 다가가면 자녀는 따뜻한 이미지로 자신의 초자아를 형성할 수 있지 않을까?' 하고 말이죠. 하지만 그렇지 않을 가능성이 높습니다. 아이들은 자신이 지닌 직관적 눈으로 이미지를 느끼기 때문에 아마도 부모와 똑같은 모습으로 자신을 형성할 것입니다. 내적 분노를 감춘 채 타인에게 따뜻하게 다가가는 모습으로요.

나를 발목 잡고 있던 어린아이가 무엇인지 계속 생각해 보라. 그 아이가 어떤 아이였는지 아는 것만으로도 당신은 이미 치유의 길로 들어선 것이다.

여기서 '치유'라는 표현이 좀 거슬릴 수도 있습니다. 마치 모든 학부모가 정신분석적으로 치유가 필요하다는 말로 들리실 수도 있습니다. 그러나 인간인 이상 누구든 완벽할 수 없기 때문에 완벽하지 못한 자신의 한 단면을 피하지 말고 직시하라는 의미로 받아들여야 합니다. 자신의 '내면아이'를 바라보는 것만으로도 놀라운 결과가 일어납니다. 그 결과는 특히 대인관계에서 나타납니다.

정신분석을 받는 사람들이 느끼는 변화 가운데 하나는 인간

관계가 편해진다는 것이다.

내면의 위치를 알기 위한 좋은 방법은 '정신분석'을 받는 것입니다. 그러나 여건상 어렵고, 타인의 도움을 받는 것 자체가 두려울 수 있습니다. 그래도 부모이기에 시도해야 할 책임이 있습니다. 좋은 것을 물려주지는 못하더라도, 최소한 내면의 아픈 상처를 대물림하는 것은 막아야 합니다.

정신분석을 직접 받지 못하는 상황에서 책을 통해 스스로를 분석하는 방법이 있습니다. 책을 읽다 보면 마음에 거슬리거나 계속 신경 쓰이는 내용이 있습니다. 마음이 무겁거나, 짜증이 나거나, 수치감을 느끼는 순간을 만날 때 책을 내려놓고 나를 휘감는 상황을 가만히 인지해야 합니다. 여기서 인지한다는 건, '메타인지'를 뜻합니다. 메타인지는 마치 내 앞에 어떤 물건이 놓여 있다고 생각하듯, 그 상황과 나를 떨어뜨려 놓고 한 차원 높은 시각에서 바라보는 것입니다. 그런 과정을 반복하면 그 상황에 떨고 있는 어린 나를 마주치게 됩니다. 나를 위로해주면 그 순간 내면아이(멈춰버린 자아)는 해방감을 맛보게 됩니다. 그리고 나는 어린아이를 보낸 어른의 위치에 놓입니다. 이렇게 해방감을 맛보게 해줄 어린아이 자아가 생각보다 많습니다.

전문가보다 시간은 오래 걸리겠지만, 누구나 스스로를 자각할 힘이 있다고 생각합니다. 그 힘은 내가 지금 어디에 있는지를 바라보게 해줍니다. 여러분은 과거 아픈 지점에 멈춰 서있는 나를 현재로 끌어올 수 있는 여력이 있습니다. 그 길을 꼭 걸어가시길 바랍니다. 자녀뿐만 아니라 주체적 자아를 가진 나 자신을 위해서이기도 합니다. 내가 진정한 어른이 되면, 아이들은 그 길을 보고 배웁니다.

『자존감』
이무석 지음 | 비전과리더십 | 2009년 10월

자존감은
대물림된다

　　"만일 내가 다시 아이를 키운다면 먼저 아이의 자존
감을 세워주고 집은 나중에 세우리라."

　　다이애나 루먼스의 〈만일 내가 다시 아이를 키운다면〉이라는
시의 첫 구절입니다. 여러분은 자녀를 다시 더 어린 시절부터 키
울 수 있다면 무엇부터 세워주시겠습니까? 다이애나 루먼스의
시처럼 자존감을 먼저 세워주시겠습니까? 아니면 집부터 먼저
세우시겠습니까?

　　『자존감』이라는 책을 소개합니다. 이 책은 부모가 자녀의 자존
감을 어떻게 세울 수 있을지를 중점으로 다루진 않습니다. 초점
이 자녀이기보다는 이미 성인이 된 어른들을 대상으로 한 책입니
다. 그럼에도 제가 이 책을 소개하는 이유는 자녀의 자존감은 부
모의 자존감과 아주 밀접하게 연결되어 있기 때문입니다.

　　면담 중에 학부모님께서 아이의 자존감을 어떻게 세울 수 있
는지 물어보실 때가 간혹 있습니다. 또는 우리 아이의 자존감을
세워달라고 요청하시는 분들도 있습니다. 아주 중요한 물음이

며, 아주 중요한 요청입니다. 그렇기 때문에 저도 신중하고 자세히 아이의 자존감을 세우는 방법들을 말씀드립니다. 요청이 있을 경우에는 아이의 자존감을 세우기 위해 세밀하게 신경 쓸 것을 약속드립니다. 그리고 그 아이를 볼 때마다 '어떻게 하면 자신이 존중받는다는 느낌을 줄 수 있을까' 생각합니다. 하지만 학부모님께 드리고 싶은 말씀이 있습니다. "아이가 진정 자존감을 회복하기를 원하신다면, 우선 학부모님 본인의 자존감부터 회복하셔야 합니다."

자존감은 엄마에게 달려 있다. 엄마의 자존감이 아이들에게 대물림된다. 엄마가 열등감에 사로잡혀 있다면 먼저 회복되어야 한다.

낮은 자존감이 대물림된다는 사실은 충격적이다. 자신감이 없는 부모는 자녀를 자신감 없는 아이로 기른다. 어머니가 자신을 믿지 못하기 때문에 자식의 잠재 능력도 믿을 수 없다.

자녀의 자존감을 세우기 위해서는 다양한 방법서를 읽기 전에 먼저 자신의 자존감을 세우는 것이 우선입니다. 부모 스스로 자존감이 회복되면, 자존감은 자연스레 자녀에게 대물림됩니다.

저자는 자존감을 회복하는 방법으로 나를 보는 용기가 필요하다고 언급합니다. 자존감은 자신을 존중받을 만한 가치 있는 존재로 인정받을 때 형성됩니다. 그리고 자신이 어떤 처지에 있든지 간에 사랑받고 존중받을 수 있는 존재라고 느낄 때 생깁니다.

여기서 중요한 사실이 있습니다. 맨 처음 세워지는 자존감은 자기 스스로 세울 수 없습니다. 타인의 시선에 의해 좌우됩니다. **아이를 바라보는 부모의 시선이 아이의 자존감을 형성합니다. 아이는 자신을 바라봐주는 타인의 시선에 비친 모습이 자기 자신이라고 인식하기 때문입니다. 그래서 3살 이전의 육아가 자존감에 엄청난 영향을 줍니다.**

여러분이 자신이라고 믿었던 관점이 실은 자기 자신이 아닌 타인의 시선에 의해 만들어졌을지도 모릅니다. 그렇기에 자신을 바라보는 데 용기가 필요한 것입니다. 학부모님들께 가끔은 혼자 있는 시간을 가지도록 권합니다. 직장을 다니든, 살림을 하든 바쁘지 않은 엄마는 없습니다. 정신없이 하루가 지나고 아이 얼굴을 보면 공부 걱정이 앞섭니다. 그렇게 6년이 지나면 엄마의 자존감마저 바닥이 되기 쉽습니다.

산책도 좋고, 조용히 일기를 쓰는 것도 좋습니다. 더 좋은 건 잠시 집을 떠나 혼자 온전히 머무는 겁니다. 그러면서 나를 위로해줄 이유를 찾아야 합니다. 특히 어린 시절 자신에게 투영된 무서웠던, 힘들었던, 아팠던 시선들을 마주하는 숙고의 시간이 필요합니다. 잔인할 정도로 어려울 수 있습니다. 그래도 이 과정이 필요한 이유는 숨죽인 아이가 내면에 있기 때문입니다. 그 아이를 위로해주는 순간 엄마 이전의 '나'를 만나게 됩니다. 나를 만나고 위로하는 순간이 낮은 자존감의 대물림을 용기 있게 끊는 순간이 됩니다.

산책도 좋고, 조용히 일기를 쓰는 것도 좋습니다.
더 좋은 건 잠시 집을 떠나 혼자 온전히 머무는 겁니다.
그러면서 나를 위로해줄 이유를 찾아야 합니다.
특히 어린 시절 자신에게 투영된 무서웠던, 힘들었던,
아팠던 시선들을 마주하는 숙고의 시간이 필요합니다.

서른 번째 책

『상처받은 내면아이 치유』

존 브래드쇼 지음 | 오제은 옮김 | 학지사 | 2004년 9월

엄마의 '내면아이'는
아직도 울고 있다

"선생님, 우리 지영이가 친구 관계에서 늘 주눅 들어 있는 것 같아 걱정입니다."

"늘 사랑도 많이 주고, 관심도 많이 주고, 해달라는 것도 웬만하면 다 해줬는데, 왜 이렇게 주눅들어 있는지 잘 모르겠어요."

학부모님은 모르겠다고 말씀하시지만, 상담하는 교사 입장에서는 한눈에 알아볼 때도 있습니다. 보통 엄마의 표정과 손동작이 놀라울 만큼 학생과 똑같습니다. 엄마가 아닌 학생을 면담하는 기분이 들 정도입니다. 둘 중 하나는 아바타처럼 보입니다. 지영이는 엄마의 '내면아이'를 닮아가고 있었습니다.

누구나 '내면아이'가 있습니다. 몸은 어른이 됐지만 내면아이는 성장이 멈춘 채 기다리고 있습니다. 누군가 나를 아픔과 상처 또는 분노에서 꺼내주기를 기다리고 있습니다. 그 순간이 오기까지는 계속 '어린아이'로 남아있겠다고 고집을 피우고 있습니다. 『상처받은 내면아이 치유』는 어린아이를 어른으로 성장하게 해주는 책입니다. 대학교에서 심리학 교재로 꾸준히 읽히는 책입니다. 대학 교재라고 해서 딱딱하거나 낯선 심리 전문용어로

뒤덮여 있지 않습니다. 친절한 설명과 사례를 바탕으로 독자가
자신의 내면아이를 어떻게 바라보고 치유할 수 있는지 친절히 안
내합니다.

  교사 입장에서 학부모님의 내면아이를 건드리는 건 직업윤리
위반입니다. 유능한 정신분석가 또한 내담자의 내면아이를 함
부로 꺼내지 않습니다. 내담자가 아이를 스스로 마주할 때까지
기다리고, 응원하고, 방향을 잡아줄 뿐입니다. 내면아이를 위로
하고 달래주는 주체는 어디까지나 자기 자신이 되어야 합니다.
많은 어른들이 지난 자신의 삶 속에서 학대였는지, 폭력이었는
지 모른 채 그런 취급을 받는 것이 당연한 일이었다고 믿고 성장
했습니다. 그러다 문득 무너진 자신을 알아채고, 스스로를 일으
켜 세우기도 합니다. 이런 과정은 모든 사람에게 일어나지 않습
니다. 대부분은 아이에 멈춰진 자아 존재감을 끌어안고 살아갑
니다.

  자신의 울고 있는 내면아이를 치유하는 몇 가지 방법을 소개
드립니다. **첫째, 혼자 있는 시간과 공간을 확보하세요. 혼자만의
시간과 공간이 회피의 시공간을 의미하는 것이 아닙니다. 혼잡
한 생활 속에서 의도적으로 자신의 시간과 공간을 만들라는 적**

극적인 의미입니다. 한 달에 단 하루라도 혹은 일 년에 단 며칠이라도 외부와 단절된 시간을 가져야 합니다. 그 시간 동안 내 안의 어린아이와 만나서 어린 시절 기억들을 찬찬히 떠올리며 그때의 아픔들을 다시 마주봅니다. 화가 나기도 하고, 미처 하지 못했던 말들에 분노가 올라오기도 하고, 다시금 두려움이 몰려오기도 합니다. 순간순간 힘들어했던 자신을 떠올리며 미안하다고 말해주고, 눈물을 흘려줍니다. 통곡해도 됩니다. 지금의 내가 내면아이를 끌어안고 울어주는 겁니다. 나를 위해 흘리는 눈물만큼 큰 위로는 없습니다.

둘째, 나의 어린 시절 이야기를 담담히 적어나갑니다. 잠자기 전, 혹은 새벽 일찍 일어나서 조용한 가운데 적습니다. 글을 쓰는 건, 대상을 밖으로 꺼내는 효과가 있습니다. 상처받은 유년 시절을 글이라는 좋은 보호장치에 옮겨놓는 것이죠. 그리고 어느 날 드디어 모든 것들을 다 드러냈다고 생각하는 날, 글 속 내면아이에게 인사를 나누고 보내주는 겁니다. 포옹을 해줘도 됩니다.

"그동안 고생했어. 너는 그만 쉬어도 돼. 앞으로의 일들은 내가 해결할게."

이렇게 말해주고 서랍 깊숙한 곳에 잘 포장해서 넣어줍니다.

셋째, 전문가를 찾아갑니다. 여기서 전문가란, 정신분석가를 말합니다. 공감뿐만 아니라 내면아이와의 직면까지 찬찬히 동반해주는 좋은 정신분석가와 함께할 때 안전하게 마무리할 가능성이 높아집니다. 하지만 많은 시간과 비용이 필요하기 때문에 만만한 작업은 아닙니다. 시간과 비용이 부족하다면, 정신분석가들이 대중을 위해 쓴 좋은 책들이 많습니다. 정신분석가이면서 좋은 서적을 저술하는 분들을 소개하자면 박우란, 이무석, 이수련, 이승욱, 정혜선 등이 있습니다.

넷째, 부모님과의 화해를 권합니다. 여기서 화해란 서로 끌어안고 용서를 구하라는 것이 아닙니다. 멀리 떨어져서 부모님을 바라보는 겁니다. 위에 언급한 작업들을 해나가다 보면 점차 명확해지는 것들이 보입니다. 그때 엄마가 내 손을 잡아줬더라면, 그때 날 친척 집에 보내지 말고 함께 있었더라면… 등등 여러 사건이 떠오를 것입니다. 그 사건만 아니었다면 내면의 어린아이가 멈춰 있지 않아도 되었을 그런 순간들을 엄마 아빠의 눈을 마주하고 물어봅니다. 물론 쉽지 않습니다. 마흔 혹은 그 이상의 나이가 되도록 감히 밖으로 꺼내지 못했던 말입니다. 하지만 용기 있게 물어본 순간, 내면아이는 더 이상 아이가 아닙니다. 그것을 묻는다고 해서 그분들의 태도가 한순간 바뀌지는 않습니다. 그분들 또한 내면아이를 끌어안고 부단히 건뎌오신 분들입니다. 아마도 질문을 받고 대부분은 회피하거나 화를 내실 겁니다. 지금 와서 그걸 왜 들추냐고 하실 수도 있습니다. 그래도 괜찮습니다. 당신은 그 말을 한 것만으로도 처음으로 어른이 되는 경험을 하게 됩니다.

내면아이를 만나고 위로하고 어른이 되는 과정은 많이 외롭습니다. 직면하기 위해선 큰 용기가 필요합니다. 성찰을 위한 꾸준한 시간이 필요합니다. 그래도 그 과정이 멈추지 않기를 응원합니다. 100년 가까운 시간을 '상처받은 어린아이'로 사는 건 행복하지 않을 것입니다. 궁극적으로는 '나'를 위해서입니다.

필수 Q&A ⑤

완벽한 초등 학부모가
되는 방법

Q. 초등 학부모가 되기 전에 어떤 준비가 필요한가요?

A. 요즘 초등학생은 만만한 상대가 아닙니다. 자녀와 학부모님의
대화는 대개 이런 패턴일 것입니다. 자세히 설명하다가 안 되면
답답해서 화를 내고, 그러다 후회하면서 타이릅니다. 타일러도
안 되면 눈물과 감정에 호소하고, 그래도 변화가 없으면 다시 강
압으로 돌아섭니다. 한마디로 말씀드려서 우왕좌왕하다 6년이
훌쩍 지나갑니다. 그리고 중학생이 되면 서로 말이 없어집니다.
학부모가 되기 위한 '정보'부터 찾지 마시고, 학부모가 되기 위한
'공부'부터 하셔야 합니다. 다시 말해 학교 근처 영어, 수학 잘 가

르친다고 소문난 학원에 관한 정보부터 찾지 마시고, 가까운 서점 가셔서 자녀 교육서 몇 권 사시면 됩니다. 그리고 밑줄 쳐가며 공부하셔야 합니다.

Q. 교육 서적 몇 권 읽는다고 달라지는 게 있을까요?

A. 몇 권 읽어 탁월한 학부모가 된다면 참 좋겠죠. 초등 6년이라는 시간 동안 인성, 학습, 사회성, 심리안정, 자존감, 진로 등 어느 하나 소홀해서는 안 됩니다. 결정적 시기를 놓치면 결핍이 생기거나 회복하는 데 시간이 오래 걸립니다. 이미 영유아 시기에 놓치고 지나간 부분들이 많습니다. 놓친 것은 무엇이고, 초등 시기에 갖춰야 할 것들은 무엇인지 인지하고 있어야 합니다. 그래서 공부해야 한다고 말씀드린 겁니다. 보통 약 30권 정도 자녀 교육서를 읽으면 큰 줄기를 잡을 수 있습니다. 자녀 교육서는 그렇게 어려운 책이 아닙니다. 하루에 10분씩만 읽으면 일주일에 1권은 읽을 수 있습니다. 그럼 한 달에 4권이 되고, 8개월이면 30권이 넘습니다. 일단 시작하시면 됩니다.

Q. 자녀 교육서 읽는 것 말고 다른 방법은 뭐가 있나요?

A. 가까운 지역 도서관의 게시판을 보면 한 달에 1~2번 정도 학부모 교육 강연이 있습니다. 그때마다 참석하셔서 각 분야 전문가들의 강연을 들으시면 됩니다.

Q. 초등 학부모로서 적어도 이전과 이것 하나만은 달라져야 한다면 어떤 것이 있을까요?

A. 자녀에게 화내는 것에 대해 진지하게 고민해보셔야 합니다. '화'는 심리적 전이가 매우 빠릅니다. 빠를 뿐만 아니라 직접적입니다. 화는 아이에게 전이되어 공포감을 주거나, 자존감을 낮추고, 아이가 받은 분노는 다시 학급 친구들에게 이어집니다. 일단, 초등 학부모가 된 순간부터 자녀에게 화내는 것에 대해 스스로 민감하게 받아들이셔야 합니다.

Q. 부모로 살다 보면 화를 안 낼 수는 없잖아요. 어떻게 하면 화를 줄일 수 있을까요?

A. 화를 안 낼 수는 없지만, 화내는 횟수를 대폭 줄이셔야 합니다. 그리고 '혼내는 것'과 '화내는 것'을 분명히 구분하셔야 합니다. 혼내는 것은 잘못한 이유를 명료하게 설명해주고, 잘못한 바가 타인에게 어떤 영향을 줄 것인지에 대한 이야기까지 해주는 것입니다. 다만 혼내면서 비교하거나, 비꼬듯 표현하거나, 욕을 하는 경우에는 자녀에게 화를 전이하고 있다고 보시면 됩니다. 하루를 마치면서 그날 화를 낸 시간과 이유를 간략하게 휴대폰에 메모하시면 도움이 됩니다. 일주일 정도 하면 주로 언제, 무엇 때문에 화를 내게 되는지 패턴을 찾을 수 있습니다. 등교 시간, 저녁 먹기 전 시간, 아이가 방을 치우지 않는 것을 볼 때 등 주로 엄마 아빠

의 의지력이 약해지는 시간과 장소에서 화를 내는 걸 찾을 수 있습니다. 그 시기와 장소를 맞이하기 전 "화내지 않을 거야. 혼만 낼 거야"라고 혼잣말로 다짐하는 것도 큰 도움이 됩니다.

Q. 초등 학부모가 되면 자녀 공부가 걱정될 텐데 공부는 어떻게, 무엇부터 신경 써야 할까요?

A. 아이들마다 인지 지능이 다릅니다. 또 선행한 것들도 다르고요. 어떤 것부터 신경을 쓸지는 자녀마다 맞춤형으로 해야 합니다. 일단 공통적으로 필요한 부분은 학습에 영향을 미치는 '문해력'입니다. 아무리 바빠도 문해력은 꼭 신경 써주셔야 합니다. 초등학교를 졸업하면 간격을 메우기가 더 어렵습니다. 나아가 토론을 할 수 있는 수준에 이르도록 해야 합니다. 토론까지 되는 아이들은 문장 구성력을 갖췄다 할 수 있습니다. 자녀의 초등학교 공부의 큰 테두리는 문해력임을 염두하셔야 합니다. 그것 하나만 잡아도 초등 학습력은 성공입니다.

Q. 그럼 문해력을 높이는 방법은 뭔가요?

A. 문해력은 독서량과 비례합니다. 가방에 늘 읽을 책을 넣고 다니게 하세요. 집에서도 엄마 아빠가 책을 들고 다니시는 것이 좋습니다. 4학년까지는 독서량이 많아야 이후에도 습관처럼 책을 읽게 됩니다.

Q. 요즘은 학부모 커뮤니티도 중요하더라고요. 학부모 간의 올바른 관계를 위해 유의할 사항은 뭘까요?

A. 자녀의 친구 관계 못지않게 학부모 관계도 중요합니다. 보통 정보 공유를 위해 서로 연락하고 지내시죠. 마음이 맞아서 가족 단위로 함께 여행을 가시는 분들도 계시고요. 개인적인 생각으로는 학부모로서 만남과 연락이 시작되었다면, 그 경계를 학부모까지로 한계 지으시길 권해드립니다. 아이들은 자신만의 관계 맺기 방식이 있는데요. 부모님들이 너무 친하게 지내면, 아이들이 자기감정에 대해 이중성을 느끼는 경우가 있습니다. 예를 들어 절친인 수연이랑 영희는 부모님끼리도 서로 친합니다. 그런데 어느 순간부터 수연이는 영희가 싫지만, 부모님끼리 친하다 보니 본인도 영희랑 계속 친하게 지내야 할 것 같고, 친하게 지내지 않으면 잘못하는 것 같은 이중감정을 느끼는 겁니다. 이런 감정이 지속되면 아이는 자기감정에 솔직해지지 못합니다. 학부모 사이 관계는 아이들 관계에 영향을 미치지 않을 정도로 적정 간격을 유지하시는 것을 권해드립니다.

Q. 이미 자녀가 고학년인 경우, 곧 중등 학부모가 되실 분도 계실 텐데요. 그분들은 뭘 준비해야 할까요?

A. 중학교 입학을 앞둔 학부모님들은 아이가 어느 중학교에 배정받을지, 중학교에서 성적은 잘 유지할 수 있을지 관심이 많으실 겁

265

니다. 하지만 더 중요한 것이 있습니다. 내가 초등 학부모로서 지난 6년 동안 놓친 것은 무엇인지 살펴보시는 것이 중요합니다. 놓친 것을 찾는 좋은 방법이 있습니다. 아이에게 지난 6년 동안 엄마 아빠한테 가장 서운했던 순간을 하나만 말해달라고 하면 됩니다. 그 순간이 부모로서 놓친 부분입니다. 중학교 입학 전에 풀어야 할 것들 최대한 풀고 가시기 바랍니다.

Q. 초등 입학 자녀를 둔 예비 학부모님께도 한 말씀해주세요.

A. 학교 복도에서 스치듯 학부모님들을 마주할 때가 있습니다. 대부분 경우에는 학부모님의 자녀가 누구인지 모를 때가 많습니다. 그런데 그분이 저학년 학부모인지, 고학년 학부모인지는 쉽게 구분이 됩니다. 아이가 1학년이면 학부모님도 1학년처럼 보이기 때문입니다. 아이는 1학년에 입학하더라도, 학부모님은 4~5학년이면 좋겠습니다. 내 맘속에 학부모라는 이름이 불안하게 느껴지신다면, 오늘부터 바로 자녀 교육서를 많이 읽으시길 바랍니다.

부록 | # 북리스트

01 이수련, 『잃어버리지 못하는 아이들』, 위고, 2017

02 디디에 플뢰 (이명은 역), 『폭군아이 길들이기』, 길벗, 2015

03 김선호, 『초등 사춘기 엄마를 이기는 아이가 세상을 이긴다』, 길벗, 2017

04 이호분·남정희, 『아이 1학년 엄마 1학년』, 길벗, 2017

05 데보라 태넌 (김고명 역), 『엄마, 왜 나한테 그렇게 말해?』, 예담, 2017

06 한성희, 『딸에게 보내는 심리학 편지』, 메이븐, 2020

07 김형경, 『좋은 이별』, 사람풍경, 2012

08 윤홍균, 『자존감 수업』, 심플라이프, 2016

09 안젤름 그륀·얀-우베 로게 (장혜경 역), 『아이들이 신에 대해 묻다』, 로도스, 2012

10 브루노 베텔하임 (김성일·강선보 역), 『이만하면 좋은 부모』, 창지사, 2006

11 김정운, 『가끔은 격하게 외로워야 한다』, 21세기북스, 2015

12 강상구, 『마흔에 읽는 손자병법』, 흐름출판, 2011

13 플로렌스 윌리엄스 (문희경 역), 『자연이 마음을 살린다』, 더퀘스트, 2018

14 기시모토 히로시 (홍성민 역), 『초등 공부력의 비밀』, 공명, 2015

15 웬디 우드 (김윤재 역), 『해빗』, 다산북스, 2019

⑯ 최승필,『공부머리 독서법』, 책구루, 2018

⑰ 강원국,『강원국의 글쓰기』, 메디치미디어, 2018

⑱ 스가쓰케 마사노부 (현선 역),『물욕 없는 세계』, 항해, 2017

⑲ 존 리,『엄마, 주식 사주세요』, 한국경제신문, 2020

⑳ 최윤식,『2030 대담한 도전』, 지식노마드, 2016

㉑ 로버트 루트번스타인·미셸 루트번스타인 (박종성 역),『생각의 탄생』,
에코의서재, 2007

㉒ 윌리엄 더건 (윤미나 역),『제7의 감각: 전략적 직관』,
비즈니스맵, 2008

㉓ 김선호,『초등 직관 수업』, 항해, 2018

㉔ 유발 하라리 (김명주 역),『호모 데우스』, 김영사, 2017

㉕ 정우열,『엄마니까 느끼는 감정』, 서랍의날씨, 2020

㉖ 박우란,『딸은 엄마의 감정을 먹고 자란다』, 유노라이프, 2020

㉗ 나카무로 마키코 (유윤한 역),『데이터가 뒤집은 공부의 진실』,
로그인, 2016

㉘ 이무석,『30년만의 휴식』, 비전과리더십, 2006

㉙ 이무석,『자존감』, 비전과리더십, 2009

㉚ 존 브래드쇼 (오제은 역),『상처받은 내면아이 치유』, 학지사, 2004

• 이 책에 소개된 도서 중 출판사 사정에 의해 절판 및 품절된 도서가 있어 알려드립니다.
  데보라 태넌 『엄마, 왜 나한테 그렇게 말해?』(예담), 최윤식 『2030 대담한 도전』(지식노마드)
• 이 책에 소개된 일부 도서는 저작권자를 찾지 못했습니다. 저작권자가 확인되는 대로 정식 동의 절차를 밟겠습니다.

엄마의
책갈피 인문학

초판 1쇄　　2020년 11월 2일

지은이　　김선호

발행인　　유철상
기획　　정예슬
편집　　정예슬, 이정은, 남영란, 이현주
디자인　　주인지, 조연경, 최윤정
마케팅　　조종삼, 윤소담

펴낸곳　　상상출판
출판등록　　2009년 9월 22일(제305-2010-02호)
주소　　서울특별시 동대문구 왕산로28길 39, 1층(용두동, 상상출판 빌딩)
전화　　02-963-9891
팩스　　02-963-9892
전자우편　　sangsang9892@gmail.com
홈페이지　　www.esangsang.co.kr
블로그　　blog.naver.com/sangsang_pub
인쇄　　다라니
종이　　㈜월드페이퍼

ISBN 979-11-90938-44-0 (03370)
© 2020 김선호